ビル・ゲイツと仕方なくやり合うために英語を練習しました。

成毛式
「割り切り&手抜き」
勉強法

元マイクロソフト日本法人社長
成毛 眞
Makoto Naruke

KADOKAWA

ビル・ゲイツとやり合うために仕方なく
英語を練習しました。

はじめに
私たちには時間がない。まず、「やらないこと」を決めよう

日本人は英語ができないと言われますが、私はそうでもないと思っています。

たとえば、浅草の仲見世や富士山の売店の人たちは、日本語のできない外国人観光客を相手に堂々と商売をしています。十分に、英語ができている状態です。

しかし、それでも日本人は英語ができないと言われます。それを証明するように、書店にはいつも、何冊もの英語学習本が並んでいます。そしてその前には必ずと言っていいほど人が立っていて、眉間《みけん》にしわを寄せながら「どれを買おうか」と思案しています。

かつての私もそうしていました。

私には、30歳を前にして、英語がなんとしてでもできるようにならなくてはいけ

ない状況に追い込まれたことがあります。理由は会社の仕事です。しかもそれは、望んでのことではなく、たまたま巡り巡ってきた仕事でした。

それでも仕方がないので、英語の勉強を始めました。いや、練習といったほうが正しいと思います。

なぜなら、私の目的はいわゆる英語という学問を修めることでもなければ、通訳者や翻訳家になることでもなければ、字幕なしでハリウッド映画を楽しむことでもなく、仕事で必要になった英語という名のツールを使えるようになることだったからです。それは、パソコンのタッチタイプを覚えるとか、ボイラーの使い方をマスターするとか、そのたぐいのことです。

ちなみに私の性格はともかく、「コツコツやるのが嫌い」なのです。手を抜けるところがあるなら、徹底的に手を抜きたいのです。それでいて、高い効率を求めます。また、結果も見栄えがいいほうが好みです。正直言って、英語の勉強に使う時間があるなら、本を読んだりゴルフをしたり、旅に出たり飲みに行ったりしたいと思うタイプです。

Art is long, life is short、すなわち、**人生は短く、芸の道は長いと考える私には、**

英語を真面目に勉強している時間がないのです。

そもそも、日本で生まれ、日本で教育を受け、日本の企業に就職した社会人が、今からパーフェクトな英語を身につけることは不可能です。もしかすると不可能ではないかもしれませんが、そのためには他のことに使う時間を犠牲にしないとならないでしょう。そんなの、まっぴらごめんです。

でも、そこまで時間を使わずともネイティブの経営者とサシで話ができる程度にはなれます。それは誰のことかというと、私にとっては上司のビル・ゲイツでした。

「コツコツやる」という選択もあると思います。

2008年にベストセラーになった本に『村上式シンプル英語勉強法』(ダイヤモンド社)があります。当時、グーグルの日本法人の社長だった村上憲郎氏が、転職を機に自力で英語をマスターした方法が記された本でした。

とうの昔にマイクロソフト(日本法人)の社長を辞めており、もうすっかり英語の練習が必要なくなっていた私も、読んでみました。確かに、そこに書かれていた英語学習方法は、それを続けることができれば、絶対に英語ができるようになるという説得力に溢れたものでした。

しかし、先ほど述べたようないい加減な性格の持ち主である私の場合は、村上式では英語ができるようにはならなかったと確信しています。

タイトルにあるように、その本に書かれていること一つひとつは確かにシンプルです。しかし、それを続けるための努力を考えると、とてもシンプルとは言えず、私から見ると困難きわまりないのです。飽きっぽい、できるだけ手抜きをしたい人、つまり私のような人間には不向きだと思える学習方法が並んでいました。

村上さんやその著書を非難するつもりはまったくありません。村上さんには村上さんのやり方があり、また、そのやり方が合う人もいるはずで、ただ、私に合わないだけのことです。

さて、あなたならどうしますか。ひとつ、成毛式を試してみませんか。

英語ができるようにならなければいけない場面に直面した当時の私の話に戻りますと、書店へ本を探しに行く前に、こういうことを考えていました。

「徹底的にサボりの精神を発揮し、手を抜いて、しかし、いかにもうまく話せるという成果を手にしてやろう」

ですから、**すぐに英語の練習に取りかかろうとはしませんでした。**

どうしたらムダな努力をしなくて済むか、何は捨ててもよくて何は避けては通れないのか、また、覚えなくてはならない単語は、どういう順に覚えていくのが最も効率的なのかなどなど。コツコツと努力を重ねることだけは避けたかったので、「コツコツ」とは対極にある「手抜き」の道を探りました。要するに、行動に出る前に戦略を練り、あとは淡々とそれを実行するだけにしたのです。

その結果、ビル・ゲイツとWindowsの発売日についてやり合ったり、ジョークを言い合う程度の英語は身につけることができました。今も旅先で英語に困ることはありません。

この本は、英語の必要性に直面したときに私が立てた戦略に基づいた内容になっています。英語学習のテキストというよりは、「仕事で英語を使わなければならなくなってしまった人のうち、手を抜いて英語を身につけたい人は、実際に勉強および学習をする前にどんな下準備をしたらいいのか」を書いた本です。ですから、この本だけを買って読んでも、英語ができるようにはなりません。断言します。

しかし、**事前にこの本を読んでおくことは、その後の英語学習および練習の効率を高めます**。それは約束できます。

あなたの目的がオムレツを作ることなら、この本はオムレツのレシピそのものではなく、オムレツ作りに必要なフライパンや、使ってはいけないフライ返しについて紹介している本です。いや、前言撤回。頭の中には完璧なオムレツのレシピが入っているにもかかわらず、フライパンやフライ返しを使うということに気付いていないような人だとしたら、「なんだ、こういうものを使えば良かったのか」と目から鱗を落としながら、突如として英語の達人になるかもしれません。

そのために本書では、第1章と第2章では「ムダ勉強をしないための心構え」と「ラクな練習法」を紹介。第3章では実践編として、「話し方、というより切り抜け方」（この章以降が実はキモ！）を提案しています。

それはさておき、この本は次のような考えを持っている人にピッタリのはずです。

- 仕方なく英語を身につけなくてはならなくなった。
- でも、英語学習に時間をかけたくない。

●とはいえ、外国人はもとより、日本人の前でも臆せずに英語を話せるようになりたい。

要するに、①できるだけラクをしたいが、②日本人的な英語は話したくない。もし、この両方の条件を満たす人がいて、その人が〝本当に〟英語を必要としているなら、ぜひこの本を参考にしていただきたいと思います。

さて、ここで〝本当に〟と断りを入れたことには理由があります。

そもそも、大半の日本人に英語は必要ないということを、あえてここで言っておきたいと思うのです。『日本人の9割に英語はいらない』（祥伝社）という本があることをご存じでしょうか。書いたのは何を隠そうこの私です。

日本に生まれ、日本で教育を受け、日本の企業に就職した人のほとんどには、グローバルグローバルと連呼されるこのご時世でも、英語は必要ありません。たまに使うことがあるかもしれませんが、その「いつ訪れるかわからない短い時間」のために膨大な時間を使うのは非効率的です。

ただ、日本人の1割には英語が不可欠であることも事実です。ここでいう英語とは、たとえば冒頭で紹介したような、浅草の仲見世や富士山の売店で繰り出される英語ではなく、仕事で自在に使える英語のことです。ネイティブに対してもひるまず向かっていくための武器のことです。

もしあなたが、「1割」の日本人であるのなら、何が何でも仕事で自由に英語を使えるようになるべきです。この本がその一助となればと思います。

成毛 眞

Contents

ビル・ゲイツとやり合うために仕方なく英語を練習しました。

第2章 自分を「できている気」にさせるのがコツ【こんな5つの練習をしてみました】

英語以外の知識――83

道具の活用――94

第3章 上手に話せる人のうまい「切り抜け方」

【「今あるもの」でなんとかしよう】

第4章 次のステップに進みたい奇特な方に【お得な英語「練習」ツール】

編集協力　片瀬京子
装丁・DTP　ISSHIKI
イラスト　しおたまこ

第1章
王道を行く。しかし、燃費のいい車に乗って

練習に必要なのは「ゴール」と「締め切り」

✿突然の辞令、私は仕方なく英語を練習しはじめた

最初に、この本を書いている人物はどうして英語を使えるようになりたいと思ったのか、そこから説明するのがいいと思います。

私は成毛眞と言いまして、現在はノンフィクション作品の書評などを主に日本語で書いて暮らしていますが、十数年前までは、ビジネスの半分というと少し大げさですが、3割程度は英語で進めていました。その理由は単純で、私が外資系企業に勤めていたからです。その会社は、今は日本マイクロソフトという名前になっています。

ただ、私は**英語ができるがゆえに外資系企業に入ったわけではありません。逆です**。もともとは、日米合弁企業でしたがドメスティックな自動車部品メーカーで3年間働き、その後、憧れであった出版社へ転職しました。雑誌を作ってみたいと思っていたんですね。その出版社の名前は、アスキーと言います。

そこへ転職したなんと初日に、子会社への出向を告げられました。

「ちょっと、アスキー・マイクロソフトへ行ってくれ」

マイクロソフトという名前はそのとき初めて聞きました。何でも、アメリカの会社で、パーソナルコンピューター用のソフトを作っているそうです。私は、これからはパソコン（という略称は定着していませんでしたが）の時代になるだろうと判断し、雑誌編集という夢は後回しにして、出向命令に従いました。

もちろんこのとき、自分がその後にマイクロソフト日本法人社長になるとは思っていません。それどころか、外資系で働くことになったという自覚も、ほとんどありませんでした。

しかし、なんということでしょう。当時のアスキー・マイクロソフトはまだまだ人数が少なくて、米国本社で会議があると、私がのこのこ出かけていかなくてはならないこともありました。私の初めての海外出張は、出向から1週間後です。

出向とはこういうことを意味していたのかと気付いたときには、It is no use crying over spilt milk、後悔先に立たず。

当然、困るわけです。そのときにビル・ゲイツに初めて会ったのですが、何を言われているかわからないし、失礼にならないように何を言われているかわからないということを伝える方法がわからない……。まあ、何を言われているかがわからないという時点で大分失礼なのですが、それはさておき、これはなんとかしなければならないぞと感じました。

それから30年近くが経ち、ビル・ゲイツと英語でやり合っていた頃に比べるとややさび付きましたが、私は今、仕事でも旅先でも、英語に苦労することはありません。

ビジネス英語は「ツール」にすぎないんだ

突然の外資系への出向により、私は英語を練習することになりました。

ところで、英語とは何でしょうか。英語は言語であり、言語には「文化」という側面もありますが、ビジネスパーソンにとっては「道具」、つまり「ツール」です。

ですから、この使い方の習得に時間をかけるなんてことはしたくありません。

お読みになった方がいらっしゃるかもしれませんが、私はこれまで『このムダな努力をやめなさい』とか『40歳を過ぎたら、三日坊主でいい。』という本を書いています。どういう性格か、おわかりいただけますよね。実のところ、三日坊主の素養は子どものころから十分にあったのですが、それはおいておきます。

もし私と正反対の真面目な性格をしている人であったとしても、**ビジネスのためのツールの使い方を習得するのに、時間をかけるのを好む人はいない**でしょう。

「いや、上達のプロセスが楽しいのだ」「できるようになっていく自分が好き」という人は、ちょっと落ち着いて考えてみてください。その楽しさや好きという気持ちは、身につけようと取り組んでいる対象が「道具の使い方」ではなく「趣味」だから生まれてくるのかもしれません。

バスやトラックの運転に必要だからと通い始めた自動車教習所で、何年間も学びたい人はいません。一刻も早く、実践できる能力と資格を身につけて、卒業したいと思うはずです。

というわけで、英語を使えるようにならなくてはいけないと気付いたときから、徹底的にムダな努力を省いた練習方法で、英語を使える自分を作り上げてきました。

前述したように私は『日本人の9割に英語はいらない』という本を書いたこともあります。当時も今も、心からそう思っています。しかし、残り1割の日本人は、学生時代の英語の成績がどうであっても、英検が何級でも、TOEIC®のスコアが何点であっても、出向を命じられたときの私のように、そういう環境に置かれてしまったら、英語を使うしかありません。

もし、そういう羽目《はめ》に陥ってしまったら――おそらく、この本を手にしている方の多くは「1割」の日本人だと思いますが――それを、練習を始めるチャンスと思って、取り組んでみるしかないのではないでしょうか。それも、できるだけ手を抜いて、ラクな方法で。

練習の成果を出せる人が必ずしていること

「必要になったし、いっちょ、英語を練習するか」と緊張感なく思い立った私が最初に手を付けたのは、書店で英語の本を買い集めることでも、英会話学校に入学することでもありませんでした。

真っ先に何をしたかというと、それは「目標を決める」ことでした。

出向即出張の身分でなんと悠長な、と思うかもしれませんが、Haste makes waste、すなわち、急がば回れ。

目標を明確にするということは、英語を練習する場合に限らず、何かのツールを使えるようになろうとするときに、もっとも大事で、もっとも基本的なことだからです。

英語の勉強はよく、スポーツにたとえられます。スポーツ同様、練習すれば必ずうまくなるという意味で言われることが多いのですが、でも、どんなに練習しても上達しない人もいますよね。

では、上達する人としない人、何が違うのでしょう。

もちろん、持って生まれた運動神経の良し悪しもあるでしょうが、それ以上に大きいのは、明確な目標の有無だと私は思います。

「いや、『昨日よりうまくなりたい』と思っているのに、ちっとも上達しない」という人もいるかもしれませんが、私に言わせれば『昨日よりうまくなりたい』は、目標ではありません。目標と呼ぶには、それはあまりに曖昧です。

貯金でも同じことです。「いつか大金持ちになるぞ！」と目標を設定することは、「海賊王に、おれはなるっ！」と宣言した程度の意味しかありません。スケールは大きいけれど、「で、どうやって？」の部分がありません。

だから、そこをどうやって目指していいかわからないし、上手くなったとしても実感を得にくい。だって「ああ、今日は俺、大金持ちに一歩近づいたな」と思う瞬間ってありますか？　それよりは「今月は何万円を貯金に回す」という目標に対して「120％達成できた！」とか「8割にも届かなかった」とはっきり把握できたほうが、**日々達成感を覚えることができ、モチベーションに直結する**でしょう。

なので、決して、「英語をうまくなりたい」と思ってはいけないのです。

では、どんな目標を掲げるべきか。

それは、「英単語をいくつ覚える」という受験生的なものでも「TOEIC®でスコアいくつを目指す」という味気のないものでもありません。それだったら、「大金持ち」や「海賊王」のほうがずっとマシかもしれません。

何が言いたいのかというと、**英語練習の目標として掲げるべきは、具体的なイメージだ**ということです。

ただ、「ネイティブのようになりたい」は「大金持ち」「海賊王」クラスで、まだリアリティが足りません。

しかし「カーネギーのような大金持ち」や「ウィリアム・キッドのような海賊王

（王かどうかは別として）」なら、イメージは少し具体的になります。

さらに「筒井康隆の『富豪刑事』の主人公、神戸大助の実家のような大金持ち」「ジョニー・デップが『パイレーツ・オブ・カリビアン』で演じたジャック・スパロウのような海賊王（王かどうかは別として）」なら、ますますリアルです。

英語での目標も、これくらいリアルに設定します。

どんな風に英語を使いたいのかをリアルに、そこまでする必要はないのではと思うくらい丁寧に描いてみるのです。

自分は、どんな風に英語を使えるようになりたいのか。ゴルフの石川遼くらい使えるようになりたいのか、テニスの錦織圭くらい使えるようになりたいのか、ネイティブの中でも、米大統領のバラク・オバマのようになりたいのか、フェイスブックのマーク・ザッカーバーグのようになりたいのか。

オバマ大統領もザッカーバーグもどっちも同じネイティブじゃないかと思うかもしれませんが、しかし、周りを見てください。同じ日本語を話しているはずの人たちのなかにも、いいなと思う日本語を使う人と、ちょっとこれはと思う日本語を使う人がいるでしょう。その良し悪しの判断は、直感的なものでかまいません。

とにかく、ゴールが一つに定まることで、迷いがなくなります。ゴールが決まれば、そこへ向かうために何を身につけるべきなのかが見えてくる。すると、やるべきこともはっきりするので、なんとなく「英語ができるようになったらいいな」と思っている人に比べて、上達が早くなります。

お気づきと思いますが、これは**ダイエットと全く同じ**です。

単にダイエットしたいと思っていても、まず、うまくいきません。とりあえず贅肉を減らしたいのか、細マッチョになりたいのか、筋骨隆々になりたいのかで、すべきことが変わってくるのに、ただ「ダイエットしたい」という目標ではあまりに曖昧すぎます。

目標探しに時間がかかるようであれば、「こういう風に英語を使うくらいなら、使えないほうがマシ」という反面教師的な像を描くのでもいいですから、とにかく、本を読んだりスクールに通ったりする前に、目標をしっかりと設定することです。設定すれば、通うべき英会話学校や、選ぶべきテキストも変わってきます。漠然と「英語がうまくなりたい」と思っているうちは、絶対にできるようになりません。

王道を行くしかない。しかし、「何に乗って行くか」は選べる

「目標を明確に設定すること」、それがモチベーションを維持し、挫折を回避させるという説に、納得していただけたでしょうか。

「うーん、いまいち」という方がいるかもしれないので、もう一つ、目標を明確にすることのメリットについて触れます。

そのメリットとは、「ムダな努力」を減らせること。これです。

ゴールが明確になれば、そこに至るまでのプロセスにムダがなくなります。

わかりやすいので、またスポーツにたとえます。

もし、「何でもいいからスポーツがうまくなりたい」とだけ考えていたら、野球にサッカーにラグビーに、ゴルフにテニスにトライアスロンにと闇雲に手を広げることになり、時間がいくらあっても足りません。ついでに体力も足りません。

でも、よく考えると、いや、よく考えなくても、サッカー選手を目指す人にバットの素振りは必要ないですよね。逆に野球がうまくなりたいのであればリフティングの特訓は不要です。野球をするなら野球を、サッカーをするならサッカーの、そ

れぞれの練習に取り組めばいいのです。

ただ、「そうか！　野球なら野球の練習、サッカーならサッカーの練習か！　それならムダがない！」と早合点をしないでください。

先ほども言いましたが、私はムダな努力が嫌いです。これほど嫌いなものはこの世にないと言っていいかもしれません。

ですから、プロ野球選手を目指しているわけではないのですから、熱血野球部員のように延々とランニングをしたり、ユースチームのサッカー選手のようにダッシュを繰り返すようなことは、絶対に、したくない。とにかくラクをしたいのです。

さて、ここで思い出してほしいことがあります。

それは「英語＝ダイエット」であることです。英語というツールを使えるようになるには、ダイエットのようなプロセスを経る必要があります。

ちまたには様々なダイエット方法があふれていますが、しかし、Rome was not built in a day、ローマは一日にして成らずでありまして、ダイエットをするには王道を行くしかないことは明らかです。

王道とはつまり、摂取カロリーを、消費カロリー以下に抑えるしかないということ。なかなか厳しい事実ですが、しかし、どうやって抑えるかはこちらに委ねられています。

言い換えるなら、**何に乗って王道を行くのかはこちらで決められる**のです。

あなたならどうしますか？　私の場合、歩いて行くのは御免こうむりたい。できるだけ快適に、燃費のいい乗り物に乗って行きたい。それが本音です。私の英語勉強法の根底には常に、このサボりの精神が流れています。

サボりの精神は、実に大事なものです。サボろうという気持ちがないと、イノベーションは進まないからです。

どんな場所へも自分の足で歩いて行こうと思っていたら、人類が自転車や自動車や電車や飛行機を発明することはなかったでしょう。冷蔵庫も洗濯機もパソコンも、この世に存在していなかったはずです。サボりの精神を失ってしまっては、新しい発想が得られない。だから、サボらなくてはいけないとも言えます。

何事も真面目にコツコツやってしまいがちな人は、あえてサボることで目が覚めるような思いをするかもしれません。私が物事をサボりがちなのは、発想の芽を摘みたくないから——というのはかなり牽強《けんきょう》付会《ふかい》でしょうか。しかし、コツコツやることばかりがいいこととは決して思えないのです。

ラクをしていても道さえ間違っていなければ、All roads lead to Rome、全ての道はローマに通ず、です。

私のゴールは「いかにも英語らしい英語」だった

英語を練習するにあたり、私が最初に目標の設定をしたことは、すでに書きました。では、どんな目標を立てたのか。その話をする前に、ビジネス英語ならではの特性についてまとめておきたいと思います。これは私が英語で仕事をしているうちに気付いたことです。

まず、仕事が素晴らしくできる人、真似のできない技術を持っている人は、英語ができなくても全く問題がありません。

その理由、わかりますか？

答えはとても単純です。**仕事ができる人の言うことは、それがたとえつたない英語によるものであっても、周りはそれを一生懸命理解しようとする**からです。

周りの人はその下手な英語を理解しないと仕事を進められませんし、「こう言っているんだろう」と決めつけて仕事をして、とんでもない結果を導いてしまったら言い訳ができません。まさか「あなたの英語が下手だからだ」と責任転嫁はできませんよね。

社内公用語が英語になった人たちが突然、英語を学び始めるのも、自分がどれだけ話せるかどうか以前に、「上司の言っていることを理解できず、しくじったらまずい」からでしょう。

だから本当は、英語を一生懸命学ぶ時間があるのなら、仕事に費やしたほうがいいと、私は心底、思っています。

ですから「ですよね、じゃ、英語の勉強はやめて、その時間を仕事にあてます」という選択をする人がいても、何ら不思議ではありませんし、王道かもしれません。

ただ、そういう選択をする人にも、この事実は知っておいてほしいと思います。下手な英語を話していると「この人、英語できないな」と確実に思われます。当たり前のことですが、これは無視できないポイントです。

そして、英語ができない人と思われると、場合によっては、バカにされます。それが「仕事のできない人」という評価に結びつくことすらあるかもしれません。

さっきの話と矛盾するようですが、しかし、これは事実です。ワンマン社長のつたない英語は全社員が理解しようと全力を尽くしますが、もしいまいちな英語を話すのが係長であれば「ほかに係長になる人材はいないのか」ということになりかねません。

こうなると、英語が必要ならば、やはりある程度の練習をしなくてはならなくなります。

もっと言うと、日本人の1割が英語を勉強しなくてはならないのは、その人たちが、もしかするとバカにされるかもしれないけれど、決してバカにされてはならない場所、つまり最前線で仕事をしているからです。

かつて、米国企業であるマイクロソフトにいた私は、それを自覚していました。ですから私は、英語を学ぶなら、できるだけ手を抜きたいと思うと同時に、**いかにも英語らしい英語を話せるようになろう**と決めました。つまりこれが、私の最初の「目標」でした。いかにも日本人らしい、ネイティブにバカにされるような英語なら身につけないほうがマシだとまで思いました。

ただし、ネイティブそのものにはなれっこありません。私の目標はあくまで「英語らしい英語」だったのです。

✿「落語ネイティブ」と「その弟子」の話

英語らしい英語。

これがかつての私の目標でありゴールでした。自分で設定してみて、なかなかいいなと思ったものの、達成が難しい目標であることも理解していました。なぜだかわかりますか。

それは、英語らしい英語を話せるようになるには、「何が英語らしいのか」を知らなくてはならないからです。では、「英語らしい」って何なのか？

江戸落語の大家で、人間国宝でもある柳家小三治（十代目）には、こんな逸話があります。

弟子として入門したばかりの若い柳家三三《さんざ》に対して、最初は「とにかく大きな声で」話せと指導したというのです。三三は落語を聞くのは好きでも、演じた経験がないというド素人から落語家になることを目指した人なので、上手くやるとかなんとかより、まずは声を出すことを学ばせようとしたのです。三三は、小三治師匠に言われたとおり、人前でも萎縮せず「とにかく大きな声で」話したそうです。その事情を知らない相手は、さぞかし驚いたことでしょう。

時間を重ねるにつれて、三三は徐々に大きな声で話すことはできるようになりました。そこで小三治師匠は次のミッションを弟子に言い渡します。

それが、「落語らしくやれ」でした。

ここで問題は「落語らしく」です。いったい何をどうすれば「落語らしい」のか。それを丁寧に教えないところがさすが小三治師匠なのですが、しかし、三三は困り果てたに違いありません。

もしあなたが三三なら、どうしますか。

この話を聞いたとき、私も自分が三三ならどうしただろうかと考えました。

まずは、小三治師匠や兄弟子の落語を真似るところから始めたと思います。同意見の方、いらっしゃいますか。落語がうまいと言われる人、いわば落語ネイティブを真似れば、落語らしくなると思いますよね。

では、誰かを真似ると決めたら、次の問題は誰を真似るかです。

お好きな方はよくご存じと思いますが、落語は、同じ噺《はなし》であっても演じる落語家によって面白さや味わいがまったく異なります。同じ話を何度聞いても面白い落語家がいる一方で、まったく面白く感じない落語家もいます。

ということは、誰を真似るかで、自分がどんな落語家になるか、どんな風に落語らしい落語ができるようになるかが決まるということです。

「ま、この人の真似をすればいいか」

なんていう安易な決め方をすると、後悔することになります。誰を真似るかは、突き詰めて考え、決めなくてはいけません。決まるまでは、落語の稽古はしないほうがいいはずです。

さて、この本を手にしている人が目指すのは落語家ではなく、英語の使い手なので、誰の英語を真似るかを、真剣に考える必要があります。

英国人と米国人の話す英語が異なることはよく知られています。しかし、たとえ**同じ米国人であっても、住む地域や、する仕事によっても、使う英語は異なる**ものです。日本でも、コンサルタントはいかにもコンサルタントという話し方をするし、政治家も銀行員も高校生もそう。政治家でなくても「この人、いかにも政治家的な話し方をするな」と感じることもありますよね。ですから、どういう英語を話す人を真似るかまで考える必要があるのです。

さあ、誰を真似ますか。

ここで問題は、みなさんには三三にとっての小三治師匠のような唯一無二の師匠がいないということです。師匠を得ようと探してみても、地球上には、一説には4億人と言われる、師匠になり得る英語のネイティブスピーカーがいるのみです。

ですから、テレビや映画、ＹｏｕＴｕｂｅなどでネイティブが話すのを見聞きして「こんな風に話せたらいいな」という人を、心の師として探し出す必要がありますす。動画コンテンツが溢れている現代は、そんな「目標探し」が苦になりませんよね。

いや、苦になる。このプロセスは面倒だからスキップしたい、などと侮ってはいけません。サボりの精神を貴ぶ私ですが、ここは避けられないポイントです。なぜならその心の師こそが、目標やゴールと大きく関わるからです。

そうです、「英語らしく」は幅が広すぎるのです。ただ「落語らしく」ではなく

「誰の落語らしく」と絞り込む必要があるのと同様、**「英語らしく」とはすなわち「誰の英語らしく」なのか**は決めなくてはなりません。決めずにいたら、ただ声の大きな落語家になるばかりです。

私の場合は、最も英語で話す機会が多い相手がビル・ゲイツであったため、目標は「ビル・ゲイツの英語らしく」とすんなりと決めることができました。

みなさんはTEDなどを観て、目標とする人を決めてください。以上。

と終わることもできますが、もし、真似る相手をなかなか決められないなら、「アル・ゴアのような英語」がいいと思います。クリントン政権時の副大統領であるアル・ゴアの英語は、私からすると変な癖がなく、上品でもあります。これを真似て身につけても恥ずかしい思いをすることはないはずです。

それに、アル・ゴアの動画はいくつもYouTubeで観ることができます。まずは2006年にTEDで講演したときの動画をおすすめします。演題は「気候危機の回避」。楽しく、有意義で、しかも英語らしい表現が満載です。

このように「動画で観ることができる」ことも、目標を定める上で大事なことです。アメリカの第16代大統領である「エイブラハム・リンカーンのような英語」を目指すなとは言いませんが、残っている録音が少ないので、真似るサンプルが少ないという問題があります。

目標にすべきは、真似しやすい「実際に話している様子を確認できる人」。見えず、聞こえない対象を真似るのは実に困難です。だって、聖徳太子のように話そうとしても、できませんよね。**人は具体的な手本のないものに近づくことはできない**のです。逆にいうと、手本があればある程度は近づけるのです。手本とはSeeing is believing、百聞は一見にしかずです。

「そこそこ」を目指そう

「目標」の話はまだ続きます。それだけ大事な話だからです。

ここまでの目標の話をまとめると、「目標はなくてはならない」「それは具体的に」「真似る対象も絞り込む」ということなのですが、目標が具体的になればなるほど、絶対に避けなければならない落とし穴が生じてきます。この落とし穴にはまると、はまったことに気付くのも、また、抜け出すのも困難です。Prevention is better than cure、転ばぬ先の杖を用意しておくことにしましょう。

落とし穴は2種類あります。

一つめの落とし穴は、比較的早い段階で遭遇する、浅いけれど広い落とし穴。それは、究極の完全コピーを目指してしまうことです。

英語は真似ている「だけ」では使えるようにはなりません。アル・ゴアのノーベル平和賞受賞スピーチを完コピできたとしても、それだけで自分の言いたいことを伝えたり相手が話すことを聞き取れるようになったりはしません。

ある料理、たとえばオムレツの作り方は見よう見まねで完全コピーできたとしても、だからといって、食べたいときに食べたいものを作る力が身についたとは言えないのと同じです。

仮に、アル・ゴアの話す動画をすべて見て、録音をすべて聞いたとしても、あなたの仕事に必要なフレーズ、たとえば「見積もりを出してください」「輸送効率は現時点での数字です」「訴訟も辞さない考えです」は身につきません。

どうしたらいいのでしょうか。

ここで、浅くて広い落とし穴から抜け出せる人と、いつまでもそのど真ん中でたたずんでしまう人がいます。

たたずんでしまう人は、家庭料理を作るために有名な料理学校のル・コルドン・ブルーに通ってフランス料理をイチから作れるようになろうと、完璧を目指すような人です。アル・ゴアがどこかで何かのスピーチをしていないか、四六時中チェックするようなものです。ちょっと大げさなたとえですが、つまり、こうなってしまうとリアルなアル・ゴアと自分のちょっとした差さえ、許せなくなってしまうでしょう。

落とし穴から抜け出せる人は、「毎日同じものばかりを食べることにならない程度にレパートリーが持てればいいや」と、いい加減に考えます。つまり、**完璧ではなく、そこそこを目指す**のです。

設定した目標の解釈には、この位のいい加減さが欠かせません。

身も蓋もないことを言うようですが、今、すでに社会人になっていて、これから英語を学ぼうとする人、つまり今この本を手に取っている人は、パーフェクトシェフ型英語使いを目指すべきではありません。はっきり言って、時間のムダです。万能な英語使いを目指そうとしたら、何万時間かかるかわかりません。マスターする前に社会人としての人生が終わってしまうことは確実です。もし、そこまで英語に使える暇があるのなら、英語ではなく仕事に使ったほうがいいですし、もっと言うなら遊びに時間を費やすべきだと私は思います。Time and tide wait for no man、歳月人を待たずです。

アル・ゴアという目標は、何が何でも目指すものではなく、迷ったときや困ったときに「アル・ゴアはどんな風に言っていたかな」と参照すべきものです。目指すのはアル・ゴアの完コピではなく、アル・ゴア風のあなたです。何が何でもアル・ゴアを目指して突き進むのではなく、「だいたいこっちのほう」と決めればそれで十分なのです。

こんな「英語の細道」にはまってはいけない

もう一つの落とし穴は、ある程度練習を積んだときに、突然視界に入ってくる、狭いけれど深い落とし穴です。ムダな練習をしないとたどりつけない目標を設定してしまうと、あっという間にここに落ち、這《は》い上がれなくなります。

この本を手にしている人に、翻訳家や通訳者を目指す人はいないでしょう。英語学を学ぼうという人もいないはずです。英語そのものを飯のタネにする人たちは、どんな食材でも自在に料理できるようにならなくてはいけません。しかし、大抵の人は、そこまではないでしょう。

あなたもそうです。ずばりあなたは、すでに仕事を持っています。つまり、ある仕事のプロです。ですから、これまではそのプロとしての研鑽を積んでいれば良かったのですが、私にとっての子会社出向のように、行きがかり上、英語を練習する必要が出てきたという人のはずです。

であれば、英語そのものを仕事にする必要はありません。そういう人たちのように英語を学ぶ必要もありません。今の仕事で英語を使えるようになれればそれでOK。繰り返しになりますが、練習するべき英語はあくまで、仕事のためのツールです。それ以外は不要と割り切るべきです。

料理のプロになるわけではないと割り切れば、使わないテクニックを身につける必要はない。ブランデーを使って客の目の前でフランベなんてする機会がないなら、できなくても問題ないはずです。ただ、英語を練習していて、上達してくると、こういう細道にはまっていきたくなる瞬間が訪れるものなので、要注意です。そんな時には、サボりの精神を最大限に発揮することをすすめます。

仕事の話は英語でもできなくてはなりませんが、愛や哲学を語ることはほとんどの人にとって必要はないのですから、それは後回し。こういった事柄は、「何かのついでに覚えられればラッキー」くらいに思っていればいいでしょう。案外、それくらい気楽でいるほうが、あっさりと覚えられるものでもあります。

少ない食材を「使い回して料理する」感覚

私の英語練習法とサボりの精神は、切っても切り離せないものです。

私はサボりたがりであり、**コツコツとした努力が嫌いで、ラクをして王道を行くためにはどんな努力も惜しまない**タイプなので、目標を定めた後は、いかにしてラクにその目標に近づくかを、徹底的に考えました。

そこでたどり着いた成毛式英語練習の極意は以下の通りです。

①〝文法通り〟にこだわらない

極めてフォーマルな場でない限り、日本人は日本語を学校で習った文法通りに話してはいません。

「要するに赤じゃなくて緑にしたかったんだけど、言い訳っぽいけど、全然」文字で見たらぎょっとするような乱れた日本語です。しかし、こう言っている人がいたなら「ああ、本当は緑にしたかったのね」と理解できます。それから「なんらかの理由で赤にしたことを100％いいとは思っていないんだな」ということもわかります。

もちろん「言い訳をするようですが、私は以前は、赤ではなく緑にしたいと考えていたのです」と言うこともできます。ただこうした表現は、文字にしているからスンナリ理解できますが、もし耳から聞いたら、「そうなんだ」と納得する前に「かしこまってどうしちゃったの」とも思うでしょう。

であれば、文法にこだわってこだわってこだわりすぎることには意味がない。そもそも、**文法は中高6年間の蓄積で十分**と思っていいでしょう。冠詞はaなのかtheなのかなどは、もっと後の段階になってから悩めばいいのです。

②それっぽく話したい

しかし、中高6年間で学んでも、英語ができないという人は少なくありません。それは、習った英語をそれっぽく使う練習をしてこなかったからです。

私は、ただ単語をボソボソと言うだけの、いかにも日本人的な発音はしたくないと思いました。これは勉強効率というよりも、私の好みの問題です。

ただ、こう決めて良かったと思っています。それっぽく話せるようになるほうが、日本人的英語が上達するよりも嬉しいので、モチベーションが続くからです。

後で詳しく書きますが、日本人らしい英語より、それっぽい英語のほうが、日本人の前でも堂々と話せるので、引っ込み思案になることもありません。

③なるべく暗記も減らしたい

全く暗記をしないわけにはいきません。しかし、いきなり難しい言葉を覚える必要もないでしょう。まずは最低限の努力でそれっぽく。具体的には、知っている単語を使い倒すのです。

また料理にたとえると、こういうことです。

フランス料理のシェフのようなプロを目指すのでなければ、冷蔵庫に、ありとあらゆる食材を用意する必要はありません。買ったのに出番のない食材を冷やし続けるほどムダなことはないですよね。滅多に使わない食材にお金をかけるくらいなら、より手に入れやすく使い勝手の良いもので代替すればいいですし、それに、普段の食材でいかに様々な料理を作るかを考えるほうが、経済的かつ現実的です。つまり、ムダがない。

英語も同じです。**あまり使い道のない言葉を覚えるくらいなら、haveとかgetとかtakeとか、別のよく使う言葉で代用すればいい**ではないですか。

難しい言葉は覚えない、その代わり、よくある言葉で切り抜ける。私の場合、こう割り切ったおかげで、どう言えばいいのかまったく見当の付かないような事柄でも、なんとか表現する力がつきました。暗記をサボりたいがあまり、単語を使い回すことが自然にできるようになったのです。Kill two birds with one stone、一石二鳥です。

日本語でも同じです。たとえば「輻輳する」が読めなくても（使えなくても）、「混み合う」ならわかりますし、「凝縮する」だって「一点に集中させる」に言い換えられればそれで十分ではないですか。

読んだり聞いたり、つまり英語をインプットするときもそうです。わからない言葉がひとつやふたつなら、という前提の下での話ですが、知らない言葉があっても、文脈や行間を読めば理解できます。

マイクロソフト時代、世の中で「多様性」ということがこれほど言われるようになるずっと前から、私はさまざまな会議の中で何度も diversity という言葉を聞いていましたが、じつは意味はよくわかっていませんでした。最初は、「分割する」という意味の divide の派生語のように思えて「2分割する」という意味だと勝手に解釈していました。しかし、何度も聞いているうち、文脈から判断すると、どうしてもその単語は「多様性」という意味でないとおかしいことに気が付きました。こうやって私は、diversity が多様性を意味することを〝発見〟したのです。

さて、「言い換え」の重要性に話を戻しますと、実はこういったことは、日本語でも頻繁に行われています。子どもや、その分野の専門用語を知らない人に対して、無意識のうちにやっているはずです。逆に、正しい表現が思い浮かばずに口ごもったときには、話している相手から「それってこういうこと？」と助け船を出されることもあるでしょう。

英語を使うときも、それでよし。必要以上に単語数にこだわるのは愚の骨頂です。Quality over quantity、量より質でいいのです。

なぜ日本人は、日本人の前だと英語が話せなくなる？

文法、どうでもいい。単語、できるだけ覚えない。だけど、それっぽく。方針は決まりました。後はひたすらその道を突き進むだけです。

しかし、突き進む途中で、あるときポッキリ心が折れてしまう人もいます。心が折れる瞬間、それは、**自分より英語のできる日本人がそばにいるとき**に訪れます。

海外旅行先などではボディランゲージを交えて英会話ができる日本人でも、また、日本語で話すときはおしゃべりな日本人でも、**近くに他の日本人がいる状況で、英語で話さなくてはならなくなったとたん、貝のごとく口をつぐむ傾向**があります。

おそらくそれは〝慎み深い〟〝恥〟を文化とする国民性から来ているのかもしれ

ません。

「他にもっと英語が上手な日本人がいるのに、私がこんな英語を話していてすみません」という気持ちになるのでしょう。

あるいは「同じ日本人なのに、この人はこんなに英語ができないのか」と、外国人からも、そして日本人からも思われたくないという思いが強すぎるということもありえます。

「おそらく」「来ているのかもしれません」「なるのでしょう」「ありえます」と、いまひとつ私の語尾が煮えきらないのは、だからこそ〝それっぽい英語〟を目指そうと思ったからでもあり、また、どうせ英語なんてツールなんだし、と心の底から思っているからでもあります。

最近の若い人はあまり自動車に乗らないそうですが、しかし、もしあなたが仕事で車を運転しなければならない場合、他のドライバーよりも運転が下手だからと、その仕事を辞めますか？　もしあなたの職業が、運転が仕事の全てであるＦ１のドライバーであれば、それもやむなしかもしれません。しかし、本業は営業で、営業先に車で移動するだけであれば、多少下手だって気にすることはありません。むしろ気にかけるべきは営業成績でしょう。

繰り返しになりますが、英語を練習することは、他国の言葉を一から勉強することではありません。ちょっと便利なものを手に入れて、使い易くするだけのことです。

ですから、二カ国語に堪能なバイリンガル、多国語ができるマルチリンガル、恐るるに足らずです。単に使える言葉の数が多いからといって、高い評価をすることはありません。運転が上手くても、営業成績とは無関係なのと同じことです。

それに、次のことを知っておいて損はないと思います。

幼少期に英語を身につけたバイリンガルに対しては、むしろ同情すべきところもあるのです。なぜなら、多くの帰国子女は、モノリンガルが当たり前に行っていることができていない場合も多いからです。

モノリンガルが当たり前に行っていること、それは、単一言語による思考です。これは、考える力と言い換えてもいいと思います。

人間は、言葉でものを考えます。「ということはどうなんだ」「こうだからこうで、ええと」と考えるときには、頭の中で独り言を言っている人も少なくないでしょう。

そのときに使う言葉は、いわゆる母語と呼ばれるもので、ほとんどの日本人にとって、これは日本語です。その日本語を自在に使えないと、深い思考は難しいといいます。

一つの言葉に長けているモノリンガルは、その言語で深く、広く考えることができる。しかし、完璧な二カ国語使いではなく、中途半端なバイリンガルは、二つの言葉をそこそこ操れるが故に、どちらか一つの言葉の言語体系で深く広く考えることができないといいます。これについては専門家による研究の結果もあるので、興味があればそちらをあたってほしいのですが、つまり、考えるという行為において、幼少期からのバイリンガルは不利なこともあるのです。

どうですか、勇気が出ましたか。

仕事をするに当たって、英語はできるけれど深い思考ができない人と、考える力はあるけれど英語があまりできない人と、どちらが重用されるか、言うまでもありませんよね。だから、隣に流暢な英語を話す帰国子女がいたとしても、臆することはないのです。むしろ、深く考えることができないことに同情しながら、つたないかもしれない英語で堂々と話せばいいだけのことです。

✿英語は〝泥縄〟で学べ

これで、ラクをして英語の王道を行くつもりが、日本人の前で話せずにポキッと挫折、ということは心配しなくていいでしょう。

ただ、時間と共に徐々にモチベーションが下がることは考えられます。つまり、飽きです。私の場合はこの飽きのほうが、克服しなければならない課題でした。

しかし結果として、練習を続けることはできました。自分で自分を褒めてやりたいと思います。

では、なぜできたのか。それは、何度も書いたように目標設定がうまくできたこと、ムダな努力をしなかったこと、この二つが大きく影響しているのですが、ほかにも、成功の秘訣が二つあります。

それは、そのときの私にとって英語は何が何でも「必要」であったことと、それも「緊急」に使えるようにならなければならなかったことです。

もし、必要でも緊急でもなかったら、つまり「いつか英語が話せるようになったらいいなあ」という動機で練習しようと思っていたなら、いまだに私は英語を使えなかったでしょうし、当然、ビル・ゲイツと英語でやり合うこともできなかったでしょう。

これはまさに目的のない、緊急性のないダイエットが続かないのと同じであり、締め切りのない仕事がはかどらないのと同じとも言えます。

ですから、本当に緊急に英語が必要になるまで、英語は勉強しないほうがいいと思います。追い込まれないと、効率は上がりません。それどころか、挫折したとか飽きたとか、嫌な思い出ばかりが増えることになるでしょう。

英語は、必要に応じて焦って学ぶくらいでちょうどいいのです。

「いつか使うかもしれない英語力」はいつまでたっても身につきません。しかし、どうでしょうか。明日、なんとしても英語を使わなければ今後の仕事に大きな影響を及ぼすとなったら、普段はどこに秘められているのかわからない潜在能力を発揮することは間違いないでしょう。だれにでも、火事場のバカ力はあるのです。

Necessity is the mother of invention、必要は発明の母なのです。

なので、**子どもの頃に夏休みの宿題を8月31日から始めていたようなタイプは、英語を身につけやすい**と言えると思いますよ。もちろん計画的なタイプでも身につけられるとは思いますが、そういう人は残念ながら、私の練習法とは相性が悪いと思います。英語は、コストパフォーマンス重視、泥縄上等で、使う直前に使い方を知るくらいでいいのです。

したがって、自分にとっての新学期が始まる「英語の9月1日」はいつなのかを、今一度知っておきましょう。

もし、9月1日に相当する日が思い当たらないようなら、あなたには英語は必要ありません。英語練習に使う時間は、ほかのことに使うべきです。

それでも、9月1日がいつなのかわからないけれど、そうはいっても英語を使えるようになりたければ、方法は一つしかありません。

それは、無理矢理に9月1日を作り出すこと。どういうことかというと、英語を使わざるを得ない状況に自分を追い込むのです。

英語でのプレゼンテーションや海外駐在に立候補するのは一つの手です。

ただ、その日にちはあまり近いと、これまた挫折をしがちなので、ほどほどに遠いほうがいいでしょう。サボりながらの私のやり方の場合、それなりに時間を必要とするので、1年後くらいが目安になると思います。

さあ、ここまでよろしいでしょうか。よし、その方法でやってみようと思った方は、次の章で、私のしてきた練習法を試してみてください。

手抜き英語練習法チェックリスト1

- ☑ 適度で具体的な「目標」を設定する
- ☑ 〝英語っぽい英語〟を真似てみる
- ☑ 始める前から苦手意識は必要ない
- ☑ 徹底的に「サボる」心構えを持つ
- ☑ 「本当に英語が必要？」は考えておこう

第2章

自分を「できている気」にさせるのがコツ

⚙何を「やらない」か。何を「やる」か

目標と締め切りを設定し、サボりつつ続ける覚悟ができたなら、いよいよ英語を練習する機が熟したと言えます。さあ、満を持して、英語を身につけるためのトレーニングに入りましょう。

ここで練習のポリシーを再度確認しておきます。そうです、できるだけ時間をかけず、英語らしい英語を身につけることです。間違っても、時間をかけて日本人的英語を身につけるようなことがあってはなりません。

なので、それにふさわしい、私が行ってきた「練習法」をこの章では紹介します。それは主に5つに分類できます。

（1）発音の基礎

（2）「物まね」という筋トレ

（3）英語以外の知識

（4）道具の活用

（５）優先順位を明確にした暗記

以上です。

なぜこの５つに絞ったかというと、それは試行錯誤し、全体最適を図った結果と思っていただくといいと思います。

まず私が目指しているのは「ビル・ゲイツの英語っぽい英語」なので、発音はそこそこ鍛えなくてはなりません。ではどうやって鍛えるかというと、体力作りのような（１）発音と、応用編の（２）物まねとを併用することにしました。どちらか一つだけでは飽きてしまいますが、（１）と（２）を行ったり来たりすることで「今度はこっちで試してみよう」などという殊勝な心がけも生まれました。

（３）英語以外の知識、これの必要性は、私が英語を必要になった時期が、転職した直後だったために気付くことができました。要するに、英語だけが使えるようになっても、仕事はできないのです。

（４）道具。残念ながら、この本を買っただけでは英語が使えるようにはなりません。少し考えればわかります。なぜなら、私が書いているのは英会話の教科書ではなく、英語の使い方を身につけるにあたっての心構えであり、私がしてきたことだからです。

私が使ったテキストの内容をここに丸々転載するわけにはいきませんから、どんな道具を使ったかを紹介します。もちろん実際に使ったものもありますし、私の英語練習中にこれがあったらどれだけ良かったかと思うものも含めています。

（5）暗記。できるだけ暗記はしたくないのですが、しかし、覚えていないとどうにもならないこともあるのは事実です。では、何を知らないとどうにもならないのか、裏を返せば、何を知っていればどうにかなるのか、私の経験から言えることをここにまとめます。

もう、ここまで来たらお気付きでしょうが、この5つを練習したからと言って、それだけでいいわけではありません。でも、その先に進むには、これらの練習は欠かせないと私はつくづく思っています。

発音の基礎

（1）発音は母音より子音

中高生時代、アとエの中間音だとか、アにも何種類かあるとか、母音について細かく教わった記憶が今も生々しい人は少なくないでしょう。私もそのうちのひとりです。

確かに英語には日本語にはない母音があるので、その発音ができるかできないかで、英語が通じるか通じないかが決まるように思うかもしれません。

しかし、どうも、大事なのは母音だけではないようなのです。つまり、子音もかなり大事。むしろ、母音よりも子音のほうが大事と言っていいのではないかと思います。

なぜなら、多くの日本人は母音には神経質でも、子音をないがしろにしがちだからです。

少し前にネットで日本人の母音に関する感覚が話題になっていました。「東欧を覆う」を発音してみると「toooooou」となるが、これで「東欧を覆う」と脳内変換できるのは日本人の特性だ、といったような話でした。

つまり、それなりに日本人は、母音に敏感なのです。ですから、それほど意識しなくても、いくら母音の少ない言語を母国語としていても、母音についてはそこそこマスターできるのではないかと思います。

最近、ネットを見ていると「kwsk」という記述が目につきます。見たことのある人もいるでしょう。これは「kuwashiku ＝詳しく」の略。もしこれが、子音ではなく母音を取り出して「uaiu」であったなら、なんのことかさっぱりわかりません。字面を眺め続けてしばらくたった後に「むなしく」なのか「スマイル」なのかなどと、思いつくのがせいぜいです。しかし「kwsk」なら、これは「詳しく」か「川崎」かどちらかではないかと、比較的短時間の内に察することができます。

つまり、**子音さえしっかりしていれば、相手に汲み取ってもらうことができるの**

です。

重要なのは子音です。ただ、問題になるのも子音でしょう。何が問題かというと、「日本人には同じに聞こえる、複数の子音」が存在することです。

それは、日本人は区別が苦手とされるLとRや、FとVだけではありません。

いやいやLとRこそが問題だという人もいるかもしれませんが、しかし、仮にレストランで「ライス」とLの発音で言ってしまっても、Lice、つまりシラミを出してくる店はひとつとしてなく、きちんとRiceにありつけるはずです。「ああ、また日本人がLとRを区別できていないな」と思われたとしても、通じることのほうが多いでしょう。

要注意なのはむしろ、日本語の「しっぽ」で使われる「シー」と言ってしまいがちなCや、同じく「柿ピー」の「ピー」と言ってしまうことの多いPなど、これまで受けてきた教育では、あまり注意を喚起されなかった子音です。これらの子音はもっと強く発音されなければなりません。

たとえば、GとZはその最たるもの。だって、カタカナで書くと、どちらも「ジー」ですよね。でも簡単に分類すると、Gはイの口をした「ジー」だし、Zは前歯と舌の間から息を通すイメージの「ジー」です。全然違うのです。

また、BとPは、「ビー」「ピー」ですから、これは日本語的な発音でいいと思いがちですが、しかし、よくよく聞いてみると、BやPは、「ビー」や「ピー」よりも口から飛び出す空気の速度が速く感じられます。実際には、サザエさんのお父さんが言う「バッカモン！」の「バ」のように強い音なのです。ですから、唇に力を入れずに「ビー」とか「ピー」とか言っていては、B、Pと解釈してもらえないことがあります。

それから、MとN。これだけを「エム」とか「エヌ」とか口に出している分にはあまり問題がありませんが、単語の最後にある場合、MなのかNなのかで大きく違ってきます。

こういったところが案外盲点であり、そして大きな差をつけるポイントです。だからこそ、これらを修正することができれば、日本人的な英語を脱し、それらしい英語に近づくことができるでしょう。

本当にちょっとしたことですが、Many drops make a shower、ちりも積もれば山となります。

そう気付いてから、私は中学校1年生が使うようなテキストや、おなじみのアルファベットの歌を参考に、「A、B、C」と、出せるときは小さく声に出して、出せないときは口の動きだけで、練習をするようになりました。

やっておいてよかったと本当に思います。

そして、今思うと、この練習をするときのポイントは「声の大きさ」です。

私は**小さな声で、あるいは口の動きだけという、控えめな練習方法を繰り返して**いました。

大きな声で練習していると、それだけでなんとなくできたような気がしてしまうものです。でも小さなささやき声では、子音を強調したつもりが強調し切れていない気がしてきて、ますます強調しなければという気持ちになります。そしていざというとき、小さな声の時の口の動きで大きな声を出すと、くっきりはっきり発音でき、英語らしい英語の発音ができたのです。

なお、私の子音練習に母音も含まれているのは「Hの次の子音は何だっけ」などと考える必要がないからです。Zに到達する前に間違えたなと思ったら、頭のAから繰り返します。AからZまで正しく発音できたら、それでおしまい。

それを毎日繰り返し、しかし、間違ったまま覚えてしまわないよう、ときどき、テキストやアルファベットの歌で確認をしていました。

（2）発音のためだけに難しい単語に挑戦する

parallel。

平行という意味の単語ですが、これを正しく言えますか。

破裂するようなPの音、日本人が苦手とされるRとLを練習するのにこれほど適した単語はないと思います。parallel、parallel と繰り返してみてください。舌がつるのではと思うでしょう。

ゆっくりと忠実に、PとRとLを発音してみてください。こんなに難しいのかと思うはずです。私の場合は、この単語ひとつをマスターするのに毎日30分くらい練習して半月ほどかかりました。その間はこの単語のみしか、口に出していませんでした。しかし、そのおかげで、PとRとLのコツをつかんだように思います。

最初はゆっくりです。大げさなくらいゆっくり発音します。そして、徐々にスピードを上げます。途中でpalarel、パrallel、paラレルなど、parallelの発音から離れてしまったら、また少し速度を落とします。そして再び、速度を上げていきます。よく言われる「ＬＲ問題」は、このparallelをマスターするうちに解決しているはずです。

発音できているかどうかは、グーグル音声入力（言語設定を「English」にしておく）に尋ねてみればわかります。きちんと発音されると、その単語がトップに表示されますが、さてどうでしょうか。案外、難しいのではないでしょうか。

ｉＰｈｏｎｅを持っている方であれば、「設定」から「Ｓｉｒｉ」を選び、言語設定を日本語から「英語（アメリカ合衆国）」にしてみてください。そうすれば、Ｓｉｒｉさんがあなたの英語発音力を判定してくれるはずです。いまはこんな便利なツールが無料で使えるのです。

thを練習するにはenthusiasticがいいと思います。私はこれで練習してきました。nという、舌が上あごに付いた状態からthへの移行がなかなか難しく、その分、できたときにはthが怖くなくなっているはずです。ちなみにこれは熱中という意味。難しい発音の練習に熱中すれば、子音の発音はかなり上達します。

発音しにくい英単語は、英語圏でもたびたび話題になっています。たとえば、イギリスのデイリーメールはそのトップ10にこれらの単語を挙げています。

1. Worcestershire
2. Specific
3. Squirrel
4. Brewery
5. Phenomenon
6. Derby
7. Regularly
8. February
9. Edited
10. Heir

http://www.dailymail.co.uk/femail/article-3027453

意味はそれぞれ、（イギリスの）ウスターシャ地方の、特定の、リス、醸造所、現象、ダービー、定期的に、2月、編集された、相続人という意味です。醸造所は日本語でも発音しにくいのがなんとも妙な具合です。

また別のサイトでは、こんなトップ10を発表していました。

1. Rollerblading
2. Miscellaneous
3. Caucasian
4. Deterioration
5. Refrigerator
6. Otolaryngology
7. Tremendous
8. Third
9. Remuneration
10. Entrepreneurship

http://www.lexiophiles.com/english/10-most-difficult-english-words-to-pronounce

意味はそれぞれ、ローラーブレード、多岐にわたる、コーカサス（白色人種）の、悪化、冷蔵庫、耳鼻科、とても大きい、3番目、報酬、企業家精神。

こういった難関に、ひとりでいるときに挑戦しましょう。Practice makes perfect、習うより慣れろです。スマートフォンさえあれば、その練習の成果、進捗を確認できます。とはいえ、パーフェクトを追求する必要はありません。

（3）「自分をだます」ための子音練習

母音よりも子音を練習することが大事だと強調しましたが、それには「相手に伝わりやすくなる」という点以外に、もう一つ理由があります。

子音をきちんと、強く発音すると、自分自身も「それらしく話せているかもしれないな」と思うことができる、ということです。つまり、**「自分をうまくだますことができる」効果**が大きいのです。

中学・高校で文法を重視したガチガチの英語教育だけに浸かった人は、英語を使うとき、正確に正確に、と考えてしまい、「もしかしたら間違っているかもしれない」と不安になりながら話す場合が多いものです。自分で話している英語に納得できていないため、自信がなく、声も小さくなってしまう、ということになる。実は自信を持つ、ということが重要なわけです。

では、どうすれば「自分ができている気」になれるか。そのために子音の強めの発音です。経験上、CやK、B、P、Tなどの子音をとくに強調して発音してみるだけで、〝それらしく〟聞こえるようです。自分が発音した英語を自分の耳で聞くことで、自分をどんどんだましていきましょう。本当は、文法がでたらめでも、〝それらしく〟話せて、通じればいいのですから。

「物まね」という筋トレ

（1）「インド英語」を再現できますか

これは私の持論であり、広めていきたいとも思っていることです。

「物まねがうまい人は、英語の上達も早い」

どうでしょうか。なんとなく、納得してもらえるのではないでしょうか。

物まねとは、どんな行為かというと、他人の特徴を抽出し、それを再現することです。これは、目標とした英語に近づくために、欠かせない要素です。

すでに物まねを得意としている人は、自信を持って英語を練習してください。真似るのはもちろんアル・ゴアの英語など、なりたいと決めた目標であることは言うまでもありません。

これまでの人生で物まねをすることなどみじんも考えたことがなかった人は、ぜひここで、物まねに挑戦してください。物まねが苦手だと自覚している人も、大丈夫です。物まねは、やっているうちに必ず上達するのです。

物まねに自信がないなら、トレーニングをすればいいのです。物まねのコツは、先ほども言いましたが、特徴の抽出とその再現ですから、まずはしっかりと相手を観察しましょう。思っていたのと違う口の動きをしていた、など、発見があるはずです。

真似るべき対象をじっくり観察し、ポイントがつかめたら、それを真似します。最初は大げさなくらいが良いと思います。

観察の仕方がわからない人は、いったん、ネイティブの英語をシャットアウトしましょう。そして、特徴のある英語を真似るのです。たとえば、巻き舌になるインド英語、ゴツゴツしたドイツ英語、鼻にかかったフランス英語。それぞれ動画サイトで探して見てみましょう。

こういった特徴がある英語のほうが、最初は真似しやすいかもしれません。これらの違いを聞き取ることができ、なんとなく演じ分けることができるなら、物まねの才能は十分あるといえます。この場合は雰囲気だけでいいのです。じつはインド英語は、裏声のような高い声で話すだけでそれらしく聞こえます。ドイツなまりはドンドンと足を踏みならしながら歩いて話すと、以外にもそれらしく話せます。東北出身者であればフランス英語はすでに十分にうまいはずです。

さあ、いくつか大げさに真似てから、今度は、目標としているネイティブの英語を見て、聞いてみましょう。インド英語、ドイツ英語、フランス英語とは、いったいどこが違うのか。

ここまでくれば、「ははあ、こういうことか」と気が付くはずです。

英語に慣れるための物まねは、目標とした人物の英語だけでなく、好きな映画のセリフ、歌の歌詞、著名人のスピーチで行ってもいいと思います。このときに目指すのは、完コピではなく、発音も抑揚も間も振り付けも、いくらか大げさに真似て覚えること。

すると、どこかで隠し芸として披露できるようになります。インド英語は私のFavorite stunt、十八番です。

（2）英語の発音を「日本語で」練習する

物まねの対象は、英語に限りません。日本語を話す人にも、発音上達のヒントは隠れています。

たとえば、滝川クリステルさんの日本語を真似てみるのはひとつの手です。彼女の日本語は、嫌みにならない程度にSやKなどの子音が強調されて発音されています。おそらく、英語とフランス語に堪能な彼女にとっては、日本語のさしすせそ、かきくけこは、そのように発音するほうがラク、つまり慣れているのでしょう。

これを逆手にとります。そうです、**普段から少しだけ強く、Sの音を発音するようにする**のです。その習慣は英語を口にするときにも活きてくるはずです。

滝川クリステルさんだけでなく、J-WAVEのバイリンガルのDJたちの発音もたいそう参考になります。

高須克弥さんという方がいます。高須クリニックの院長で、テレビCMでは「Yes、高須クリニック」と言っています。私が注目したのは、クリニックの最後の「ク」です。これが日本語の「ク」というより、最後に余計な母音がついていない、

clinic のCに聞こえるのです。私は高須さんと面識がないのではっきりしたことは言えませんが、おそらく、英語を上手に使う人なのだろうと想像します。

さあ、言ってみましょう。「Ｙｅｓ、高須クリニック」

これで、「ク」とclinic の最後のCとの違いを意識するようになったはずです。この発音法も日本語を話すときに紛れ込ませるといいでしょう。ほとんどの人はその違いに気付かないはずですが、そういった小さなことこそが、英語らしい英語とそうでない英語を区別しているのです。

英語が上手な日本語話者といえば、スポーツの日本代表チームの外国人監督の通訳がいます。何人か思い浮かべられると思いますが、彼らの日本語は一様に〝いかにも通訳の日本語〟と感じられるでしょう。

では、なぜその日本語を「通訳っぽい」と思うのか。

そこには、通訳ならでは、つまり英語に堪能な人ならではの癖がにじみ出ているからです。想像してみてください。わかりますよね。これを真似すれば通訳っぽくなり、その真似を突き詰めれば、英語らしい日本語が話せるようになり、それは最終的には英語らしい英語につながります。

(3)小林克也さんに留学経験はない

小林克也さんをご存じでしょうか。マルチな才能の持ち主で、様々な分野で活躍されていて、最近はテレビ番組「ＳｍａＳＴＡＴＩＯＮ!!」のナレーションもされています。ですが、なんと言っても、80年代に大流行した、洋楽のミュージックビデオを紹介するテレビ番組「ベストヒットＵＳＡ」の、ＤＪならぬＶＪにして、「To speak nine words at once」立て板に水の小林さんが最も有名でしょう。英語、日本語、どちらも自在に操る小林さんを、私は長い間、帰国子女か、あるいは日本語と英語を両方とも使う環境で育ったのだろうと思っていました。

しかし、どちらも誤解でした。

小林さんは広島県の出身で、日本語環境で育ち、海外留学経験もありません。それで、あれだけの英語力を身につけているのです。彼の英語を聞いたことがないという人は、ぜひ一度聞いてみてください。日本生まれ日本育ちの日本人とは、とても思われません。

小林さんが英語使いになったきっかけは、ラジオだったと言います。米軍基地のアメリカ人兵士のために放送されていたＦＥＮ（極東放送、現ＡＦＮ）を聞いて英語に興味を持ち、さらにはエルビス・プレスリーに夢中になり、英語の歌詞を聴き取っているうちに、みるみる英語が上達したそうです。

その小林さんが、**英語力を鍛えるためにしたことの一つに、口周りの筋肉の強化**があります。

日本語だけを話していては、日本語の発音に適した筋肉しか発達しない、英語を話すなら、英語のための筋肉を鍛える必要があると気付いたからに違いありません。

では、なぜ気付いたのか。それはもちろん、ネイティブの真似をしていたからでしょう（小林克也さんの練習法を詳しく知りたければ、著書『英語のクスリ』や『小林克也のビートにノッて70短文英会話』を読むと良いでしょう。昔の本なので入手が困難なのは残念ですが）。

筋肉を鍛えるという点でも、できるだけ英語を英語らしく口にするのは有効な練習方法です。私が取り組んできた、ＡＢＣを順に発音する方法も、parallel も enthusiastic も、今思えば英語のための筋トレだったと言えるかもしれません。

英語以外の知識

（1）ビジネス英語は、日常会話英語よりもカンタンだ

漠然と「英語ができるようになりたい」という人の中に「日常会話くらいは」という人が、少なからずいます。私はそれを聞く度に驚きます。なぜなら、日常会話ほど難しい会話はないからです。

日常会話とは、別の表現をするなら、オールジャンルの会話です。天気、アイスホッケー、開店したばかりのパン屋、スマホの次機種、流行りの風邪、新しい車、どんな話の展開になるか、まったく予想ができず、また、会話に対応するには、天気の用語、アイスホッケーの用語、パンの種類、スマホの新機能、風邪の種類、自動車の車種など、日常生活に出てくるあらゆる単語や言い回しを知っていないとな

りません。

日本語ですら、アイスホッケーの用語などはかなり難しいですが、しかし、それがチームの名前なのか選手の名前なのかくらいは区別が付きます。また、車の個別の名前は知らなくても「軽」「バン」「ワゴン」くらいはわかるでしょう。

しかし、英語ではそうはいきません。

ですから、日常会話は難しいのです。もしこの期に及んで日常会話をマスターしたいというなら、この本を捨てて、会話集を丸暗記したほうがいいです。そのほうが効率的だと思います。そうして、何冊も何冊も、丸暗記を重ねましょう。

その点、ビジネス英語は、ビジネスに限った英語です。あなたのビジネスがアイスホッケーに関わるものでない限り、アイスホッケー選手が話題になることはありません。パンのマーケティングをしているのでなければ、新装開店のパン屋のことを知らなくても構わないでしょう。

英語をビジネスに限った瞬間、知らなくてはいけない英語の範囲はぐっと狭まります。

もちろん、専門用語は知らなくてはなりませんが、それでもたかがしれています。

それに案外、専門用語はカタカナ英語化されていることもあるので、それを元に語彙を増やすこともできます。

しかし、だからといって「ビジネス英語」と呼ばれるものを何でも身につけようとする必要はありません。

練習する範囲は、もっと狭いと思っていいです。

なお、日常会話と同じくらい難しい、到達不能な目標に「映画を字幕なしで見る」があります。私もいまだに『スター・ウォーズ』の映画を字幕なしでは楽しめません。

（２）ノーベル賞受賞者はなぜ英語ができるのか

日本人のノーベル賞受賞者はたいてい、英語で受賞スピーチをしています。２００８年にノーベル物理学賞を受賞した益川敏英さんは英語を苦手としていて、日本語でスピーチをしたのがニュースになったくらいです。他の人たちは当たり前のように英語でスピーチをしてきました。

彼らの英語を聞いたことがありますか。なかには日本人らしい英語を話す人もいるので、案外と聞き取りやすいと思ったに違いありません。

では、彼らが英語で言っている内容を理解できますか。

これはなかなか難しいと思います。なぜなら、彼らの話している英語は、英語らしかろうが日本人らしかろうが、言語は英語であっても（ほとんどの受賞者は）内容が科学、つまり科学英語だからです。その英語を聞いた人が科学を専門としていないなら、どれだけ聞き取れたとしても、何を言っているかわからないでしょう。子どもが大人の会話を理解できないようなものです。

では、科学者同士なら科学英語で会話が成立するかというと、たとえば、物理学者と分子生物学者とコンピュータ科学者との間で専門的な話をするのは難しいのではないかと思います。

それは、専門分野が違いすぎるからです。同じ分野で研究をしている人とさえ通じればいいのが、科学英語なのです。そんな専門分野をスタートとし、さらに英語の範囲を広げている人もいますが、まず**ビジネス英語を練習しようとする人が目指すべきは、〝自分のデスクの上の英語〟**です。

では、デスクの上とはなんでしょう。それは、たとえば、普段扱っている商材や手続き方法の名称です。あなたのビジネス英語のための練習量は、一般的なビジネス英語、そして日常会話のための練習量に比べて、ほんのわずかでいいはずです。

(3)「雑談する英語力」は捨てる

日常会話はなぜ難しいのか、それはもうおわかりいただけたと思います。要するに、雑談が難しいのと同じです。今、書店には「雑談する力」を高めようという本が結構な数、並んでいます。そこに悩んでいる人が多いのでしょう。

会社がらみのパーティが苦手という人がいます。得意な人のほうが少ないかもしれません。ひとりで参加し、同じようにひとりで参加している人と当たり障りのない話でそこそこ盛り上がらなくてはならないような気がする。今時の言葉で言えば、無理ゲーです。

ところがこれが、たとえばラグビーの試合を観に行ったとなると、そこそこ、会話ができます。なぜかというと、そこに来ているからには、互いにラグビーに関心があるという共通認識があるからです。

ビジネスも同じです。**ビジネスの相手とは、「何を話すべきか」のテーマがあらかじめ決まっている**わけですから、難易度としては英語でビジネスについて語るほうが、日本語でまるで知らない分野について語るよりも簡単です。

雑談ができないのは、初対面の人と盛り上がることができる話題を見いだせないからです。それがないと、いくら日本語という共通言語があっても、会話が維持できません。頑張って英語というツールを手に入れても、あるいはフランス語やドイツ語を身につけても、話題が見つけられないがゆえに、会話が成り立たないことは、十分にあり得ます。

では、どうしますか。

ビジネス英語の枠を超えた英語をマスターしようと思いますか。

もう、ここまで読み進めてこられた方々は、私たちにはそんな時間がないことをよく知っていると思います。

さて、ここでイメージしてください。もしも今からスリランカ人と話をするとなったら、どうしますか。なんとかしてスリランカについての記憶を呼び起こし、話題を提供しようとするでしょう。

ということは、**外国人が日本人に尋ねる定番の質問を知ってそれに対する答え、それから提供できる小ネタをいくつか用意**しておけばいいのです。Providing is preventing、備えあれば憂いなし。決して難しいことではありません。

ところで余談になりますが、先ほど紹介した小林克也さんは、大学生の時にその英語力を活かし、外国人観光客向けの通訳をしていたことがあります。あれだけ英語ができるのだから、相当、仕事ができて、観光客から引っ張りだこの通訳だったのでは、と思うかもしれませんが、そうではなかったようです。

なぜならそのときの小林さんは、生まれ育った広島から上京したばかりで、外国人観光客が行きたがる場所のことをまったく知らず、聞かれても答えられなかったから、だそうです。

小林さんほどの英語使いでもそうなのですから、話が通じないとき、真っ先に疑うべきは、言葉の使い方ではなく、会話の中身だと言えます。

（4）意外に使える「英語で書かれた日本紹介本」

外国人にウケそうな日本の話題の仕入れ方。その最も簡単な方法は、外国人向けに書かれた日本の紹介書などを読むことです。もっとも手に入りやすいものは、「ロンリープラネット」などの旅行ガイドではないでしょうか。

読むだけでなく、これを参考に観光地などを回ってみると、外国人が何に興味を持つかがよくわかるので、もし、大事な取引先の外国人を接待する必要が生じたら、**自分が外国人観光客になったつもりで、事前に街を歩いてみる**といいのではないでしょうか。

ガイドブックを手に人気スポットを訪れ、パンフレットは英語のものを読み、音声ガイドは英語を選んで、外国人になったつもりで知識を身につけるのです。ちょっとした異邦人感覚を味わうことができるので「勉強している」「練習している」という感覚にはならないと思います。

こうやって異邦人ごっこをしていると、歌舞伎や相撲を見たいとか、寿司や天ぷらを食べたいとか、浅草や渋谷のスクランブル交差点や京都に行ってみたいとか、たいていのリクエストに応えることができるようになりますし、当然、それについての話題にも対応できるようになります。しかも自分自身の興味の対象が増えるというメリットもあるはずです。

とはいえ、はとバスのガイドさんのような完璧な回答を用意する必要はありません。物まねと同様に、その特徴を抽出して説明できれば、それで十分なのです。

たとえば、源氏物語については、紫式部が、光源氏が、などと詳細に説明しなくても、「女流作家によって書かれた世界最古の長編恋愛小説」と言えれば十分だし、高校野球についても「公共放送がすべての試合を生中継する。それは大相撲と高校野球だけだ」と伝えられれば、意味合いは十分に通じます。

(5)好きな英語ならイヤでも覚える

練習するのはビジネス英語、それも自分が使う範囲のビジネス英語だけでいい。そう繰り返してきたことと矛盾するようですが、ビジネスとは全く関係のない英語に親しんでもいいと思います。

特に、趣味がある人はそうです。趣味といっても、なんでもいい。サイクリングでも葉巻でも料理でも、ゲームでも彫金でも、刺繍でも宝塚でも古地図収集でも、折り紙でもクルージングでもカメラでも、バレエ鑑賞でもカラオケでも和装でも、プラモデルでも登山でも社交ダンスでも、本当になんでもいいのです。

同じ趣味を持っている人は英語圏にもいるはずです。その人たちが集う情報交換の場やブログなどを探してみましょう。

先ほど、DJの小林克也さんの話をしましたが、小林さんだって、エルビス・プレスリーが好きで英語の道にのめり込んだのですから、大好きなものがある人は、英語を使えるようになる可能性を大いに秘めていると言えます。

ただ最初は、目当てのサイトを探すところに、案外高いハードルがあるかもしれません。サイクリングやクルージングやバレエやプラモデルなどは、ググるための英語のキーワードがすぐに思い浮かびますが、彫金や刺繍や和装となると、ちょっと難しいからです。

しかし、**その壁は乗り越えられますよね。だって大好きな趣味なんですから。多少の困難は、好奇心によって解決する**のです。

いろいろと見ているうちに、ビジネス英語を練習しているときには出会わない表現や、独特の言い回しに気がつくはずです。そして、それを面白く感じるはずです。面白いと思ったら、あっという間に覚えます。面白い表現は他にないだろうかと探すようになります。What one likes, one will do well、好きこそものの上手なれとはよく言ったものです。

ですからこれは、英語の練習ではなくて、遊びです。これはサボるべきムダな努力ではなく、仕事をサボってでも取り組みたい趣味の延長です。

ただ、その趣味の延長の中に、もしかするとビジネス英語で使えるかもしれない表現が紛れていることがあります。それを見つけられたら儲けもの。それくらいの気持ちで趣味を英語で拡張してみたらいいと思います。

ビジネスで出会った相手が同じ趣味を持っていた、なんていうことがないとは言えないのですから。

道具の活用

（1）本――英語は〝周辺〟から攻めよ

英語を練習するのに、本は便利なツールです。ただし、ここでいう本とは、いわゆるテキストのことではありません。英語をテーマにした読み物のことです。この手の読み物は、必ずしも英語の練習に直結するものではありませんが、重要な役割を果たしてくれます。

なによりも、**英語を練習し続けることへのモチベーションを保つ**ことができるはずです。

英語に関するものに限らず、読み物には必ず「へえ、そうなんだ」という発見がありまず。それが読書の醍醐味であり「だとするとこれはどうなんだろう」と新たな好奇心を抱くきっかけになります。

そうやって新たな好奇心を作り出していくことは、モチベーションの維持に欠かせません。

では、どんな本を読んだらいいでしょうか。

このとき、英語の練習にいかにも役立ちそうなものはおすすめしません。そういう本はそういう本として、ほかの練習のときに使います。

読んだほうがいいのは、たとえば、英単語の成り立ちについて書いた本とか、翻訳家や通訳者によるエッセーとか、英語圏の旅行記とか……微妙に英語練習のど真ん中から外れている、雑学と呼ばれるようなものです。あまりど真ん中だとすぐに飽きます。

もしあなたが読書好きで、なんでもいいから面白い本はないかなと書店に立ち寄るタイプなら、この手の本を探して買い求め、読むことを習慣にするといいでしょう。そこで抱いた新たな好奇心が、英語練習につながるものであったなら、そのときには練習に励むべきです。なぜならそのときには、練習したい気持ちになっているに決まっているからです。周辺本を読むのは、そういう気持ちがわき上がってくるのを待つためでもあります。

本については、巻末におすすめをまとめておいたので参考にしてください。

(2)旅――英語の〝中〟に身を置け

本で雑学を仕入れるだけでは気分が盛り上がらないなら、いっそのこと、海外へ行ってみたらいいと思います。

いえ別に、やけになって極論を言っているのではありません。意外にもコストパフォーマンスが良い体験だと思います。

ただ、何カ月間も何年間も、留学をする必要はありません。しろと言われても、そう簡単に留学できないのが社会人でもあります。ちょっと旅行に出かけるだけで十分です。

その旅先は、アメリカ大陸やイギリスでなくても構いません。ハワイでもグアムでもフィリピンでもいいです。フィリピンの公用語はタガログ語(フィリピン語)ですが、歴史的経緯もあり、みな、英語に堪能です。今調べてみたところ、ハワイなどは数万円で行けるツアーもあるようなので、思い切って行ってみてもいいのではないでしょうか。

そういったところへ遊びに行けば必ず英語に触れます。そして、通じて嬉しい思いもするでしょうし、言いたいことが言えないというもどかしい思いもするでしょう。

当然、好奇心も湧きます。

「これはどういうことなのか」「これは何なのか」と知りたいことがふつふつと沸き上がってきます。行きの飛行機の中よりも、帰りの飛行機でガイドブックを熱心に読むことになるかもしれません。

そうなったら、すでに好奇心の扉は大きく開いています。

ただ、せっかく英語圏に身を置いても、ホテルの部屋にこもっていては意味がありません。ホテルでテレビを見て英語を聞き流しても、その体験は自分の中に強烈な印象を残しません。

この**海外旅行は、自分の英語の通じ具合、通じなさ具合を思い知るためのもの**と捉え、あちこちをふらふらしてみましょう。

言ってみれば、自分をゲームの主人公に見立てて町を歩くのです。そして、英語で話が通じれば頭の中でチャイムを、通じなければブザーを鳴らし、脳内サバイバルゲームを楽しんでみましょう。

ところで私には、マイクロソフトに勤めていた頃、こんな経験をしたことがあります。

ちょうど、幹部会議がフランスのカンヌで開かれました。念のため申し上げますと、フランス語はできません。ド素人です。

しかし、会議の前後や合間に街を歩き、カフェに立ち寄ったりしているうちに、フランス語でなんとかカフェオレ程度は注文できるようにはなりました。と、威張るほどのこともないのですが、周りがカフェオレを注文するときに何を言っているかを観察し、その真似をしただけです。言葉の意味はわかりません。「たぶんプリーズという意味だろう」とぼんやりと思う程度です。

ただしこれでステージ1、クリア。ひと言でも通じるということは嬉しいものです。その後、もう何ステージかクリアしようかと思いましたが、滞在時間が足りませんでした。

しかしその後、フランス語に興味を覚えたのは確かです。ちょっと勉強してみようかなとは思いました。もしもう一度、フランスで会議が開かれていたなら、挑戦していたかもしれません。

さて、英語練習に向けての気持ちを高めるために旅行をする効用は、もう一つあります。

人は、投資を回収したくなる生き物です。

英語気分を盛り上げるためだけに海外旅行に数万円、あるいはそれ以上を使ったら、それをムダにはしたくないと思うはずです。だから練習するようになります。

なかには、漫然とした海外旅行から帰ってきて「今度こそ英語を勉強しよう」と毎回考えている（そして結局やらない）ような人も多いと思いますが、それとは発想を逆にするのです。

海外旅行で英語に触れてみるのは、そうやって自分を追い込むためでもあるのです。

(3)家の中——英語の〝リバウンド〟を避けるために

本を読め、旅行をしろなどといいましたが、ここで、英語＝ダイエット説を思い出してもらえればと思います。

ダイエットは、いきなり過激に始めると必ずリバウンドします。最初に気合いを入れれば入れるほど、長続きしないのではと思います。

英語も同じです。英語を好きになる、興味を持つ段階をおろそかにして、やっきになっていきなり英語の練習に取りかかろうとすると、それまでとのギャップが大きすぎて、すぐにそこからドロップアウトしてしまいます。

英語の練習は、自分をだましながら慣れていくのが肝心です。

自分をだますとは、極論すれば自分が英語ネイティブであると自分に暗示をかけること。そのために、これまで日本語でしてきたことを、できるだけ英語化するのです。

ただ、人前でこれをやってしまうと、単にルー大柴の物まねをしている人だと思われてしまうかもしれません。カタカナ語ばかり使う気取った奴だと誤解されてしまうかもしれません。

そこで、自己暗示をかけ、自分をだますのは家の中だけ、あるいはパーソナルなツールを使うときだけに限ります。

おすすめの方法は、以下の４つのツールを、英語話者仕様にすることです。

①テレビ

テレビは副音声に設定します。

映画ではまれに、出演者が撮影状況について語るコメンタリーになっていることもありますが、大抵、日本語吹き替えの映画の副音声は、英語です。

ただ、ハリウッド映画などを日本語吹き替えなしで見て、それで英語を学べというわけではありません。理由は先ほども書きました。いきなりそんなことをしたら、理解できず英語が嫌になるに決まっています（ただ、何度も観た映画なら、そういう見方をしてもいいと思います）。

さて、映画よりも何よりも、**副音声で見るべきは、ＮＨＫのニュース**です。具体的にいうと、午後7時と午後9時のニュース。これは副音声が英語になっています。

ではなぜニュースがいいのかというと、理由は二つあります。

まず、ニュースなら、映像や日本語のテロップがあるので、英語で初めて触れるニュースでもなんとなく意味はわかります。わからなくても、焦ってはいけません。何についてのニュースなのか、経済なのか国際なのか、あるいは社会なのか。最初はそれだけわかればまずは良しとします。

また最近は、ニュースをテレビで初めて知ることが減っています。理由はもちろん、インターネットの普及です。

だから、**テレビで見るニュースは、すでに知っているニュースであることが大半です。これが、英語に慣れるにはちょうどいい。**「あのことをこういう風に言うのか」という発見があります。

もう一つ、ニュースのいいところを挙げると、それは、話題が次々に変わること。なので見聞きしていて飽きないし、天気予報や為替レートのように毎日同じテーマが扱われるコーナーもあるので、「これはもしかしてこう言っているのでは」と、だんだんと聞き取れるようになっていく自分に気がつけます。

ただ、ニュースが始まったら副音声にするのではなく、つねに副音声に設定しておくことを強くおすすめします。

まず、いちいち副音声にするのは面倒ですし、そのうち、副音声にすることを忘れてしまうかもしれません。

実は、副音声を使っている番組は少ないです。ですから、ずっと副音声にしておいても、ほとんどの番組では普通に日本語が聞こえます。なので、副音声のままにしておいて支障はないと思います。

ニュースを副音声で見るのは本当におすすめなので、夜7時、夜9時にテレビの前にいられないという人は、録画してでも見たほうがいいと思います。特に、下手に日本語化されてしまっている海外の都市の名前、外国人の名前などは「へえ、こうやって発音するのか」と思うこともあるはずです。とりわけ中国人の名前の音読みの発音は日本でしか通用しないので、英語で聞いておくことが必要です。

ですから、テレビを見る習慣がない人は、この際、テレビでニュースを見るようにするといいですね。社会人たるもの、英語だけでなく、世間を知る必要がある。その世間を知るために手っ取り早いのは、テレビのニュースなのですから。さらにその英語表現までわかれば、雑談に使えるかもしれません。

②Ｐｏｄｃａｓｔ

通勤の行き帰りの電車の中でスマートフォンを眺めているという人は多いと思いますが、この際ですから、画面を見るのではなく、音を聞くことを習慣にしましょう。スマートフォンで音を聞くのです。

では何を聞きますか。ラジオもありますし、インターネット放送もありますが、ここは自分のペースで聞ける、Ｐｏｄｃａｓｔがいいでしょう。それも、「ＮＨＫ ＷＯＲＬＤ ＲＡＤＩＯ ＪＡＰＡＮ Ｎｅｗｓ」のＰｏｄｃａｓｔで決まりです。

これはＮＨＫが、海外のリスナーに向けて17言語で放送している「ＮＨＫワールドラジオ日本」を、日本に居ながらにしてネット経由で聞けるようにしたものです。英語はそのうちの一メニュー。14分間（または9分間）にわたり、男性と女性が交互にニュースを読み上げています。

9分間というとＪＲ中央線で東京駅から四ツ谷駅までくらい、14分間というと新宿駅までくらいですから、案外短いですよね。通勤でもっと長く電車や車に乗っているという人は、繰り返し聞きましょう。

なお、私はかつて、家から最寄り駅まで歩く間は、子音の発音練習に充てていました。もし当時Ｐｏｄｃａｓｔとスマートフォンがあったなら、駅に着いたらこれに切り替えていたでしょう。なお、他の言語のニュースもたまに聞いてみると、固有名詞だけで何のニュースなのかわかることもあるので、時間のあるときには試してみてください。

さて、このＰｏｄｃａｓｔのいいところは、なんと言っても、更新頻度が高いところ。ですから聞く前に、今日はどんな話題なのか、予想する楽しみも生まれます。

これもテレビと同様、**すべてを理解しようとする必要はありません。目的は、ニュースの内容を理解することではなく、耳を慣らすこと。**知っているつもりの単語のアクセントなど新たな発見があるはずです。Ｐｏｄｃａｓｔを聞く習慣がある人は普段のアプリにこのニュースを是非とも追加しましょう。

③グーグル音声入力

スマートフォンでグーグルを使っているなら、まず、音声入力で使うことを習慣化しましょう。恥ずかしいなどと言っていられません。そもそもそこで恥ずかしがっているようでは、日本人がいるところで英語を話せるようにはなりません。

グーグルだって、英語と同じでツールです。便利に使い倒すのが一番です。

ただ、日本語で使っていても、意味がありません。そうです、英語で使うのです。言語の設定を英語にして、英語で使うようにしましょう。

グーグル相手なので、いきなり正しい文法で話す必要などありません。「Shibuya Italian restaurant」「weather, Tokyo」など単語を並べるだけで十分です。

「Today's stock price of Apple」と言えば、もちろんアップルの株価がわかりますし、「The capital of India」と言えばニューデリーだとわかり、ついでに「What is its population」と言えば、人口が意外にも30万人ちょいだとわかります。

ただ、通じたからと言ってぬか喜びは厳禁です。このグーグル音声入力は、やや巻き舌で「掘った芋いじるな」と呼びかけると、現在時刻を表示してきます。「おぬしやるなあ」と言いたくなります。このツールは、正しい発音を確かめると言うよりは、英語らしいものを口にする機会を増やすために使いましょう。

④Siri

iPhoneユーザーにはおなじみのSiriも、英語に設定し、英語で使うようにします。

グーグル音声入力のところでも触れましたが、英語でスマートフォンを使う理由は、英語を口に出すのに慣れるためです。

若い人たちは信じられないかもしれませんが、日本にはカラオケがなかった時代があります。ですから、突然カラオケが登場したとき、人前で独唱をしたことのない人たちには、戸惑いもありました。

戸惑う理由はただ一つ、慣れていないことです。

ですから、せめてひとりでいるときくらいは、英語に慣れましょう。そして、自分の英語が通じるという体験も、また通じないという体験も、しておきましょう。

優先順位を明確にした暗記

（1）決まり文句は思考停止で丸暗記

英語の練習はできるだけサボりたいというのは、私のゆるがない信念であり、できるだけ暗記などしたくないと今でも思っています。

しかし、どうしても覚えなくてはならないものも、世の中には存在します。

それは、「説明できないもの」です。

そのうちの一つが、理由なくそう決まっているものです。

なぜAという言葉はAというスペルであり、Aと発音するのか。なぜAの次はB

という語順であり、Cではないのか。こういったことは、考えても答えは出ない。出ないし、考えるまでもなく、AはAと書きAと発音し、その次はBであり、さらにその次はCである。そう覚えるほかはないですよね。だって、そうなっているのだから仕方がありません。

外国人が不思議がる日本語のひとつに、数の数え方があります。1から10まで数えてみましょう。

1、2、3、4、5、6、7、8、9、10。

今度は10から1まで戻っていきましょう。

10、9、8、7、6、5、4、3、2、1。

これが不思議なのです。わかりますか？　わからなければ、日本語で書いてみましょう。

いち、に、さん、し、ご、ろく、なな、はち、きゅう、じゅう。

じゅう、きゅう、はち、なな、ろく、ご、よん、さん、に、いち。

もうわかりましたよね。

1から数えるとき、日本人は4を「し」と読みます。しかし、10から数えるときはこれが「よん」になります。「しち」が「なな」になる、「く」が「きゅう」になる人もいます。

なぜなんでしょう。

ということは、考えてもわかりません。考える以前に染みついてしまっている習慣です。ですから外国人にこの理由を説明することはできません。細かいことは置いておいて、カウントアップのときは「し」、カウントダウンのときは「よん」なのだと、覚えてもらうほかありません。

英語の決まり文句についても、そうやって割り切って丸暗記するに限ります。決まり文句は、覚えてしまえばこんなに便利なものはありません。

ここまで、本文にいくつか、英語のことわざを混ぜ込んできました。ことわざも決まり文句の代表例であり、実に便利なものです。日本語でも、同じ意味のことを言うにしても、ことわざを使ったほうがスマートだったり、わかりやすかったりすることは多々あります。

話は英語でも同じです。積極的に覚えて損がありません。

私には、耳から覚えて便利に使っているフレーズが二つあるので、具体例として紹介しておきましょう。

まずこれです。

Hmmm, smells money.

正確にはIt smells like moneyであり、金の臭いがする、つまり「ビジネスとして筋がいい」という意味です。主語と動詞の部分をぼかしているのは、最初に聞いたとき、その相手がこういう言い方をしていたからでもありますが、そのほうがいかにも金の臭いがしそうで、この表現にぴったりだからでもあります。実に便利に使っています。

それから、これもそうです。

You've got to go.

「(そろそろ時間だから、もう)行ったほうがいいんじゃない」という言い回しです。文法上の成り立ちなんかは意識せず、このまま暗記し、便利に使っています。

もしかすると、翻訳の専門家は私の解釈を違うというかもしれません。しかし、私がマイクロソフトにいたとき、この言葉はあちこちで使われていて、言われた側は必ず「そうですね」といった雰囲気でその場を立ち去っていました。ちなみに発音は「ユーガタゴー」と私には聞こえていましたし、そのように発音していました。

こういった決まり文句を集めた本は何冊も出ていますが、私は、実体験の中で覚えていくのでもいいのではないかと思います。

というのも、決まり文句も大事ですが、それより先に覚えるべきものがあるからです。それは、名詞です。

(2)単語は動詞より名詞

覚えなくていい単語は覚えずにすませたい。しかし、覚えたほうが結局ラクなものもあります。それが、名詞です。これは日本語の場合でも同じです。

たとえば「ほら、あのひねると水が出てくる。お湯が出てくることもあるか。あ、最近はひねらないで押したり上げたり、いや、センサーに反応させればいい、非接触のものもあるよね」……などと言うより「蛇口」と言ったほうが、苦労も誤解もなく言いたいことが伝わります。ただ、これができるのは、話すほうも聞くほうもあれが「蛇口」という名前だと知っているからです。だから話が早いのです。

仕事でも同じでしょう。仕事はプロ同士がするものなので、一般の人には聞き慣れない、しかし、専門家の間ではそれ以外に言葉がみつからないモノやコトがいくつもあります。

最近、私は本や雑誌の仕事をすることが多いので出版業界を例に挙げますと「ゲラ」「ノンブル」などがあります。

私はこういったモノの名前を、誰かに聞くわけでなく、周りが使っているのを聞きながら「なるほどこれがゲラか」「要するにノンブルとはこれのことだな」と学んできました。

なぜなら、ゲラもノンブルも、一般的な辞書には載っていないでしょうし、載っていたとしても、そこに書かれていることが本当に正しいのか、それが転じて別の意味で使われているかどうかは、わからないからです。

ちなみに、ゲラを日本語にすると、校正刷りです。では校正刷りとは何かというと、本や雑誌の形が世に出る前に、その通り印刷して良いかどうか、文字や図版、写真などを確認するための試し刷りのことです。でも、試し刷りとはいえ、書いた原稿をワープロで印刷しただけのものとは違います。このように、ゲラを知らない人にゲラとは何かを伝えようとするのは、かなり骨の折れる行為です。

それでももうひとつやってみましょう。今度はノンブルです。

みなさんが今、手にしているこの本のこの見開きには、端っこにページ数を示している数字がありますよね。それをノンブルというんです。これについても「ほら、ページ数が書いてあるところだよ。文章以外のところに……」というより「ノンブル」と言ったほうがシンプルです。

ここまで来たら、私が何を言いたいか、わかっていただけると思います。そうです、ビジネス英語でも同じことが言えるのです。

名詞、特にその業界の専門用語は、英語で言えないと、お手上げです。その専門用語以外に表現のしようのない、そんな言葉がたくさんあるからです。残念ながら、これらは暗記せざるを得ません。

ただ、**最初は名詞だけで十分です。動詞は後回し**です。

経験上、名詞さえわかれば、動詞がわからなくてもなんとかなることが多いからです。これは日本語でも英語でも、同じです。

まず、話を聞く場合。

「基礎」「杭」「免震」などの単語が聞き取れれば、それは料理や宇宙の話ではなく、土木や建築の話であることはわかります。日本語ですら、こういった聞き取り方をしていることは少なくありません。英語となればなおさらです。

さきほど、ＮＨＫのニュースやＰｏｄｃａｓｔを紹介しましたが、これらを聞いて「あ、これは経済のニュースだな」「あの事故の話だな」と判断できるのは、聞き取れる名詞、特に固有名詞がある場合が大半です。**名詞は聞き取りのキーになる存在**です。

話す場合も同じです。

自分が話す場合は、極端な言い方をすれば、キーとなる名詞を簡単な動詞でつなげば、なんとかなります。「飛行機」「天気」「トラブル」といった名詞をつないでいる人を前に「この人はお腹がすいているのかな」と思う人はいません。

逆に、「行く」「見る」「思う」など、動詞は英語で言えるものの、「美術館」「印象派」「カタログ」などが言えなかったら、「この人はどこへ言って何を見て何を思ったのだろう」と思われることは間違いありません。

成毛式では、**母音より子音が大事であるのと同じように、動詞より名詞**なのです。

さらに、難しい動詞は、takeやgetなど簡単な動詞で言い換えることもできますが、さて、「蛇口」をどう言い換えますか。面倒ですよね。覚えましょうよ。でも、あなたが水道工事や金物を専門に扱っている商社で働いているのではないなら「蛇口」にこだわる必要はありません。覚えるべきは、あなたのビジネスに関する名詞です。

では、どうやって名詞を覚えるかというと、仕事で使う日本語の名詞を徹底的に英語にしていく、それだけです。そして、実際に口にするかどうかは別にしても、頭の中ではその英語をつないで文章を組み立ててみます。

「そのアーティクルのオーサーはもともとはフィナンシャルのセクションにいた」
「そのイクイプメントのインスペクションにはスーパーソニックウェイヴを使う」
など、ここは**ルー大柴的で大いに結構。これが単語力強化に有効だからです**。これなら、今すぐに英語で話せと言われても、正しいかどうかは別として、伝えることはできるのではないでしょうか。

また、あなたのビジネスの専門用語は、英語のハウツー本や英会話学校で学ぶことはできません。もちろん、ＴＯＥＩＣ®にも出てきません。あれは多くの人に共通の単語で作られている試験です。

ですから、ＴＯＥＩＣ®のスコアを上げることに、必要以上に価値を見出さないほうがいいと思います。ＴＯＥＩＣ®対策ばかりしていたら、ＴＯＥＩＣ®には強くても英語で仕事のできない日本人の一丁上がりです。

また、もしも、ビジネス会話だけでなく、日常会話もある程度身につけたいなら、見たものをすべて英語化していくことを習慣にするといいと思います。

家の中でも、食事に行っても、街を歩いていても、たとえば財布の中のポイントカードや充電用ケーブルやビールのジョッキや伝票や交差点や大きな電飾の看板などの日本語を、目に映ってくる順に淡々と英語に変換していくのです。変換できないものがあったら、今はスマホがあるのですから、その場で調べて「なるほどこう言うのか」と納得すればいいのです。

これは、覚える必要はありません。覚えなければ次の機会にまた調べればいいだけです。そうやっているうちに必ず覚えますから、大丈夫です。

この項ではもうひとつだけ、言いたいことがあります。本当に動詞は覚えなくてもいいのかということです。

答えはノーです。でも、大丈夫です。

動詞は自然に覚えるようになるからです。そのカラクリはこうなっています。

ある程度、名詞がわかるようになると、英語が面白くなって動詞も覚えたいという気持ちが湧いてくるのです。この名詞とこの名詞をつなぐにはこの動詞が便利だという、**動詞の接着剤的魅力にも気がつき、つい、使いたくなる**からです。だから、まずは、多少無理しても我慢しても、仕事で使う名詞を覚えます。その結果として、他の多くのことをサボれるようになります。

ちなみに、蛇口は「faucet」といいます。

(3) 表現はカジュアルなものより敬語

同じことを伝えるにも、いくつもの表現方法があります。食事中にテーブルの塩を手渡してもらいたいときには、「Pass me the salt, please」とカジュアルに言うこともできるのですが、もし今からその表現を覚えようとするのであれば、ちょっと考え直してもらいたいと思います。

あなたが練習しようとしているのは、日常会話ではなく、ビジネス英語です。ですから、想定する食事は、不意に見つけた隠れ家的なレストランでひとりでとるものではなく、仕事相手とともにするものでしょう。そこには、取引先の役職者がいるかもしれません。

さて、その相手に「Pass me the salt, please」、要するに「塩、取ってもらえませんか」と言いますか？

こう考えてみてもいいでしょう。取引先と一緒に食事に行ったとき、あなたの部下が相手の上役に「塩、取ってもらえませんか」と言ったら、まずいですよね。塩味が薄いことくらい我慢しろというのではありません。もっと適切な頼み方があるだろうと思うのです。つまり、しっかり敬語を使うべきです。

よく「英語には敬語がない」といいますが、それは誤解です。丁寧な、失礼にならない言い方は存在します。

たとえば「Would you mind if I ask you to pass me the salt ?」

「もし私が塩をとってほしいとお願いしたとしたら、お気に召さないでしょうか」

とは、あまりにも遠回しな言い方ですが、しかし、これなら取引先の上司に対して言っても失礼にはあたりません。同僚に言っても、丁寧すぎると思われることはあったとしても、気を損ねられることはないはずです。Manners know distance、そう、親しき仲にも礼儀あり、です。とはいえ、さっきの例文はちょっと回りくどすぎるかな。

英語のテキストには、同じことを伝える方法を、カジュアルなものからフォーマルなものまで並べられているものがあります。

このとき、優先して覚えるべきなのは最も丁寧な表現です。丁寧な表現はたいてい長いので、この主張は一見、サボり精神に反するように見えますが、実はそうではありません。

覚えた型を崩すことはできても、崩れた表現をしっかりしたものへと積み上げることはできません。

物理の世界では、エントロピーは時間と共に増大するものと決まっています。時間が経てば、秩序は崩壊の方向へ向かうという意味です。言葉だって、同じです。だから最初は、敬語から覚えるべきです。カジュアルな表現はそのあとで良い。練

習しているのは、友人とダべるための英語ではなく、仕事で使うためのものなので
すから。

手抜き英語練習法チェックリスト2

☑ 日本語にもある子音にこそ注意する

☑ 物まね芸をきわめる

☑ 言葉ができてもネタがなければ話せない

☑ 便利なツールは使い倒す

☑ 暗記は「仕事で使う名詞」から

第3章

上手に話せる人のうまい「切り抜け方」

✿話すときは翻訳するな。統合せよ

どんなに発音ができても、どんなに単語を知っていても、何かを言いたいとき、返事をしたいときに英語で言葉が出てこない。そういう経験をしたことがある人もいるでしょう。

そういう状況に陥ったとき、たいてい、日本語ではなんと言いたいかが固まっています。それを英語に変換できないので、歯がゆい思いをするのです。

これではいつまで経っても、英語を話せるようにはなりません。いや、瞬時に和文英訳ができるようになれば、話せるようになると思いますが、それには長い年月が必要になるでしょう。

話したいことがあるとき、頭の中ですべきことは「和英変換」でも「翻訳」でもありません。「統合」です。

たとえば、こんなシーンを思い描いてください。喫煙者が飲食店に入ります。テーブルには灰皿がありません。見回すと、禁煙席というわけではなさそうです。そこで大抵の日本人は店員を呼び止めて「灰皿をください」と言います。

灰皿をください。

これを文字のままに解釈すると、まるで雑貨店に行って灰皿を買おうとしているかのようです。しかし、実際にしたいことは、煙草を吸える状況を整えること。

ですから「灰皿をください」という代わりに、「煙草を吸っていいですか」と言ってもいいはずです。この言い換えができれば、もしあなたがashtrayという単語を知らなくても、無事、煙草を吸うことができるでしょう。

これはほんの一例です。言いたいことが英語で出てこないときには、無理にそれを翻訳したり、知らない単語を思い出そうとしたり（無理です）しないで、**自分は何を言いたいのかを改めて頭の中で確認し、それを直球で英語にしたほうがいい**と思います。

これをなぜ「統合」というかというと、**それまで見聞きした単語や表現をまさに統合し、言いたいことを表現**しているからです。

なんとなく覚えているフレーズの一部を入れ替えるのも立派な統合ですし、「私」「煙草」「許可」などのイメージを並べ、そこから「私は煙草を吸っていいか」という文章を作り出すことも、もちろん統合です。

統合に使うパーツは、中高生のときに教わって忘れかけている英語、あるいは、新たに覚えた単語です。

難しいでしょうか。

でも「私は英語ができない」と思い込んでいる日本人のうち、かなりの割合の人は、頭の中に浮かんだ日本語の文章を、その通りに何が何でも英語にしようとして、それで口ごもってしまっているのではないかと思います。

「よろしく」「がんばります」は英訳しにくいとよく言われますが、でも、そのときになぜ「よろしく」と言いたいのか、「がんばります」と言うことで何を伝え、相手に何を思ってほしいかを考えると、口に出すのは「あなたに会えて嬉しいです」とか「いい結果を出します」とかでもいいはずですよね。

ですから、そう口にすることによって、相手にどうしてほしいのかを考えると、案外と単純な言葉で話が通じることがあります。

言葉に詰まったら、「何を言いたいのか」を改めて考えてみる。これは実におすすめの方法です。**「要するに」「つまり」と、別の言い方を考える**のです。

✿すでに「ボキャブラリーの種」は持っている

人間、知っている言葉や表現をすべて使えるわけではありません。

どういうことだかおわかりでしょうか。

日本語でもままあるように、「読んだり聞いたりするときには意味のわかる言葉であっても、自分で話したり書いたりするのはおぼつかない言葉」というものが必ずあるのです。

たとえば、官僚の答弁や時代劇のセリフなどにはそういう言葉が出てきます。また、よく知らない分野の本を読むときにも、字面から意味はわかるものの、では自分が書いたり話したりするときに使うかと言われると、うーんとうなってしまう言葉もあります。

こういった言葉、つまり、知っていても使えない言葉を受動的語彙というのですが、この受動的語彙を能動的語彙、つまり、自在に使える言葉に変えていくことが、すなわち、会話力を上げるということになります。

ここで朗報です。みなさんはたくさんの受動的語彙を持っています。少なくとも私は、必要に駆られて英語を練習し始めたとき「あれ、意外と知ってるな」と思ったものでした。

私も中学や高校の頃、英語の授業に出席していたことがあります。決して積極的な生徒ではありませんでしたが、高校一年生の時の英語の福原先生はスパルタで、生徒にひたすら英語の教科書を暗記させていたのをよく覚えています。意味の説明も、文法の説明もせず、朗読させて、覚えさせる。日本語で書かれたドリルの問題文まで覚えさせられました。なんなんだろうと思い、大学受験を終えたとたんその記憶はすべて抹消したはずが、その経験があとになって効いてきました。

そう「あれ、意外と覚えてるな」です。

たたき込まれたものは、覚えている。もし私のように、**地獄のような英語の授業を体験したことがある人は、実は、受動的語彙をたくさん持っている**はずです。

ではどうやってその受動的語彙を能動的語彙にしていくかというと、無理矢理にでも使ってみるしかないんですね。だから、ある程度独学をして受動的語彙を増やしたら、実践を重ね、それを能動的語彙に変えていく必要があります。いきなり能動的語彙を手に入れようとしても、それはうまくいきません。

おそるおそるでも、知った受動的語彙を能動的語彙に変えていこうとしていけば、自在に使える言葉は増えていきます。その状況を、ボキャブラリーが豊富になると言います。

✿言葉に詰まったら「とりあえずI（アイ）」と言え

言葉が出てこなくて困ったとき、「要するに」「つまり」自分は何を言いたいのかを改めて考えるほかに、使える手法があります。

それは、とりあえず何か言ってしまうこと。

このときに便利なのは「I」、または「It's」です。

これも、日本語を使っているときのことをよくよく考えればおわかりいただけると思います。

あまり考えなしに「私としては」「それは」と言いかけることはありませんか。

そして「私としては……」と言ってしばらくしてから「それは」と言い直したり、「それは」と言って時間をおいてから「みなさんは」とか「どうでしょうか」とか

「まずは」とか、文法的にはまったくつながらないフレーズを繰り出してみたり。

会話では、これは当たり前です。

だから、文法にとらわれることはないのです。文法的に続かないはずの言葉が続いても、誰も笑ったりしません。むしろ「I」や「It's」と言ったことなど、忘れられていると思ったほうがいいです。

なので、自分が話す番がやってきて、しかし言うことが決まっていなければ、まずは「I」または「It's」と言ってしまう。いっそ、こういうルールを自分の中に設けてしまったらいいと思います。

とりあえず「I」と言ってしまえば、どう単語を「統合するか」を考える時間を稼ぐこともできる。ネイティブでも、「I」と言ってしまってから慌てて自分の意見を考え始めているような人も多いはずです。

話している相手のほうも、「私の話は通じているんだな」「これから何か話そうとしているな」と安心できます。「これから話しますよ」という代わりに、「I」または「It's」と言う。これは結構、使える手です。

通じないときは「短く繰り返す」

ここで、恐ろしい事態を想定しておきましょう。

それは、自分の言ったことが通じないというシーンです。その場がシーンと静まりかえっているかもしれないし、もしかしたら「意味不明」と思われているかもしれません。

しかし、実際には、これを恐れることはありません。たいてい相手が「何ですって？」と聞いてくれるからです。

では、そのような場合はどうすればいいでしょうか。

同じフレーズを繰り返したくなるかもしれませんが、その必要はありません。相手が聞き取れていないのは全文ではなく、肝心なところだけの可能性が高いからです。

これもまた、日本語と同じです。

あなたが上司に向かって「先日の出張で先方から預かってきた書類がこれです。要返却です」と言ったとしましょう。

すると上司が「ん？」と聞いてきた。

さて、あなたはどうしますか。きっと、そのまますべての言葉は繰り返さないはずです。もう一度、「先日の出張で先方から預かってきた書類がこれです。要返却です」と繰り返したら、ちょっとおかしいですし、嫌みな感じもします。

おそらく、「要返却です」あるいは、「出張先から預かった書類です」とだけ繰り返すでしょう。なぜなら、その言葉が、報告したことの中で重要な部分だからです。

「出張で」を繰り返す人は、いませんよね。

もう一つ例を挙げましょう。

昼食時に、定食屋に入ったとします。店は混んでいて、ざわざわしています。あなたは店員に「生姜焼き定食をください。それから食後にコーヒーをお願いします」と言うのですが、聞き取れなかったのか、店員さんが「もう一度お願いします」と言っています。

このとき、もっとシンプルな答えは「生姜焼き定食、コーヒーはあとで」となるでしょうか。

さっきの全文の中から、肝心の単語だけを抜き出して口にしています。

英語のときも、これでいいのです。

聞き返してくるほうも「書類について何か言っているな」「注文をしているな」ということはわかっているはずです。ですから、二度目に言うときは、ずばりそのものだけを言っても十分に通じます。ただし、一度目からそれをやると、失礼な人だと思われるので、おすすめできません。

最初は丁寧に言い、聞き返されたり、相手が理解していないようなら、単語を連発すればいいのです。

英語が下手なんじゃない。「声が小さいだけ」だ

言っていることが通じなかったときにどう乗り切るかについて書きましたが、しかし、通じないのは発音が悪いわけでも、文法が間違っているわけでもないことが大半である、という事実をよくよく知っておいてください。

日本人の英語が伝わらない最大の理由は、実は、声が小さいことです。音量が小さいから、単純に音声として聞き取れていないだけの場合が多いのです。

声が小さいと言うことは、口の開きが小さいと言うことです。すると、強調すべきアクセントも意識すべき発音も、もごもごとなります。だから、通じない。

ではなぜ、声が小さくなるのか。それは自信がないからです。自信がないから声が小さくなり、だから相手は聞き取れず、沈黙が訪れる。そこであなたは「やばい通じてない」と自信をなくし、ますます声が小さくなる。相手は困惑するばかり。あなたも泣きたくなるばかり。悪循環です。

大きな声を出せばいいだけなのに……。

ところで私はイモトアヤコさんが大好きで、したがって「世界の果てまでイッテQ！」も、結構好きです。この番組で出川哲朗さんが、自由の女神を「フリーウーマン」や「ベリーベリービッグドール」などと表現する独創的な英語力を発揮して、ニューヨークの街を歩き、しかし現地の人たちとしっかりコミュニケーションをとって、見事Statue of Libertyにたどり着いた回は、かなり話題になったのでご存じの方もいるかもしれません。

また、私はプロ野球を見ないのでよく知らなかったのですが、阪神タイガースのOBに川藤幸三さんという人がいて、この人がタイガースに来ている外国人選手に英語でインタビューする時もまた、独創的だそうです。今年を「ナウイヤー」と言い、4月を「フォーガツ」（ガツは月）と言って、選手に「this year」「April」と笑われたそうなのですが、それはつまり、伝わっているということです。まさにHe who shoots often, hits at last、下手なと言っては失礼ですが、しかし、下手な鉄砲を数撃《う》って当てているのです。

これらがベストだとは思いませんが、ふたりは堂々としていて、**「これをわからないなんてお前が悪い」という雰囲気すら醸し出すから、伝わる。伝わらないより、ずっとマシ**です。

では、どうやって出川級・川藤クラスの自信を身につけるのか。

それについては何度も書いてきました。道具なのだから、使えれば多少下手だって気にしないという気持ちを持つことが大事ですし、それでも恥ずかしいなら、上手く聞こえるように話せばいいのです。どうやって？　私の場合はそれが、子音を練習するという決断につながりました。

落語の話を思い出してください。弟子は、落語らしさを覚える前に、大きな声を出すことを教わりました。恥ずかしがらず、緊張せず、お客さんの前で大きな声が出せるようになってようやく、落語らしさを身につける段階に到達しました。

ですから**英語練習のその前に、発声練習が必要**なのです。とはいえ「アエイウエオアオ」とやることもないでしょう。ただ、声が小さくならないよう、むしろ大きな声で話すよう心がけ、そして実行するだけで、あなたの英語は格段に伝わるようになります。

「聞き直す」のではなく「開き直る」

もし、相手の言っていることが聞き取れなかったら。

よほど鈍感か意地悪でない限り、相手はすぐに「あ、伝わっていないな」と気付き、おそらくもう一度言ってくれるでしょう。

それでもわからなかったら、どうしますか。

テキストには「I beg your pardon?」と尋ねよと書いてあります。それももちろん正解ですが、しかし、それまで半導体の話をしていたのに急にフンボルトペンギンの話になることや、新工場建設の話をしていたのにSNSでのマーケティングの話になることもありません。

ですから、聞き取れた単語を繰り返し、語尾を上げれば、相手は「そう」とか「いや」とか言うはずです。親切な人なら、その先を補ってもくれるでしょう。

しかし、それでもわからない場合は、どうするか。

そのときは**「わからない」ではなく「私はこう理解した」と伝えましょう。**

その理解は、もしかすると当たっていることもあるし、それ以上の確率で、間違っていることもあります。

すると相手は「その通り」とか「違う」とか必ず言います。そして違う場合は正しくはどうなのかを言ってきますので、それを聞き取ることに全力を使います。

それでもダメなら。

もう、書いてもらいましょう。一番やっかいなのは、誤解したままあらぬ方向に話が進んでいくこと。これはビジネスなのですから、それだけは避けなくてはなりません。相手だって、いい加減な理解のもとで話が進んだら困るのは同じです。

聞き返しているのは、トラブルを避けるため。それくらいの開き直りを持っても、構わないと思います。

✿「聞く」より「話す」が重要な理由

英語を話すことはできても、聞き取れない。そういう人も少なからずいます。

でも、「聞く」ことに自信がなくても、同じ長さの練習時間を費やすなら、まずは「話す」ほうに時間を使うべきです。

なぜなら、**話せるようになれば、自然と聞き取れるようになる**から。これは太陽が東から上がるのと同じくらい自明なことなので、順序を変えてヒアリングから身につけるようなムダな努力をしてはなりません。聞くより話す。これが鉄則です。

話せれば聞けるようになる理由は単純です。

話せないことは聞けません。

日本語でも、初めて聞く言葉は、実は正確には聞き取れていないことが多いでしょう。そして、何度も聞いている言葉は、間違って発音されていても誤用されていても、前後の言葉から無意識のうちに補正して理解しています。

たとえば「雰囲気」などはその最たる例です。ただしくは「ふんいき」と発音すべきなのに「ふいんき」と言っている人が一定数、います。それでも聞いているほうは「つまり雰囲気ね」と脳内変換して受け流すことができます。

しかし、知らない言葉ではこうはいきません。

だから、たとえば**1日1時間英語を勉強するなら、その1時間はまるまる話すために使ってもいいくらい**です。

この方法を採ると、話せるようになってから聞けるようになるまでに多少のタイムラグが生じますが、それは気にする必要がありません。なぜなら、身につけようとしているのはビジネス英語だからです。

ビジネスは口約束では決まりません。特に英語を使ってのビジネスには、契約書がつきもの。私の経験でも、トップ同士が話し合って決めることはいくらでもありますが、それは必ず後で契約書という形になります。つまり、**細かいことはその契約書で確認ができる。だから、話しているときには枝葉末節に気を配る必要はない**のです。

では話しているときには何が重要かというと、こちらの考えを臆することなく伝えることです。これはビジネスの基本中の基本。では、伝えるためには何が必要か。そう、話すための英語なのです。

「メールを書く力」は「コピペする力」

さてここで、「書く英語」についても触れておきましょう。ただ、書くと言っても契約書を1ページ目から書く必要はないはずです。それはプロに任せます。

仕事をする人が書くものと言えば、メールです。

メールの冒頭に「いつもお世話になっています」、文末に「よろしくお願いいたします」などと書くのは、日本では慣習になっていますが、これほどのムダもないだろうと、私は常々、思ってきました。

英語であればなおさらです。幸いなことに、英語では、私が少数派というわけではないようです。

そもそも、メールが普及する前は、リアルタイムで文字をやりとりしようとすると、テレックスなる仕組みを使う必要がありました。若い人はご存じないかもしれませんが、〝できることが限られたメール〟のようなものと思っていただければ、実態からさほど遠くありません。

テレックスでは文字単位で課金されたため、同じ内容を伝えるにもできるだけ短い文章、見ようによっては暗号のような英語を使うことが好まれました。その名残は今もあります。だから短ければ短いほうがいいのです。

では、現代の暗号はどこで学ぶかというと、ネイティブからもらうメール。そのメールの一部を、必要に応じて書き換えて使い回す。たったこれだけです。論文なら御法度のコピペでも、伝わりさえすればいいメールなら大丈夫。コピペしているうちに、書けるようにもなっていくでしょう。**英語メールに限っていえば、「書く力」は「コピペする力」**と置き換えてもいいのです。

プレゼンはまず、「パターン」を知る

メールの次はプレゼンです。

プレゼンの場合は、会話よりずっと簡単です。

その理由は二つあります。一つは**一方通行でいい**こと、そして**確実に型があること**です。

どうやってプレゼンを始めるのか、パワーポイントの図を見てほしいときは何と

いうのか、最後はどう締めるのか。これらの作法は、ＴＥＤなどの動画を見ても、ほとんど共通しています。ですから、その型の部分をまず取り入れて、あとは自分の言いたいことをその型に、システマティックに当てはめていきます。

当てはめる作業は、「原稿にする」過程で行います。**話すことを一字一句、中学生時代に身につけた文法を駆使して文字にしていく**のです。日本語でのプレゼンなら、一字一句を原稿にしなくても話せる人は多いかもしれませんが、英語でそれをやろうと思ったら、うまくいきません。もし冗談を入れたいと思ったら、その冗談の部分まですべて文字化しておくべきです。

そして原稿が完成したら、その原稿を読みながら、何度でも何度でもリハーサルをします。

使う言語にかかわらず、日本人はプレゼンが下手だと言われますが、それは圧倒的にリハーサルが不足しているからです。

ＴＥＤとかアップルの新製品発表のように、さらっと行われているかのように見えるプレゼンも、何度も何度も何度もリハーサルを重ね、その結果、お披露目されているものです。**マイクロソフトのトップとして、30分のプレゼンのために5時間**

もリハーサルをしていた私が言うのですから、間違いありません。

リハーサルを重ねなくていいのは、いわゆる才能のある人、タレントだけでしょう。

以前、日本でビル・ゲイツと同じ舞台に立ってプレゼンをしたことがあります。コンビニで使われる、ウィンドウズが組み込まれているレジを持ち込んでの英語でのプレゼンのため、私はリハーサルの段階で言葉と振る舞いを覚えるのに全神経を使っていました。

ところがビルにとって英語は母国語であることもあり、セリフは簡単に覚えるし、レジの使い方、立ち位置、すべてを瞬時に理解します。こちらが何度もリハーサルをしたのに、ビルはたった一度でパーフェクト。がっくりしました。

それはさておき、プレゼンのときも、正しい発音も大事ですが、なにより大きな声を出すことが大事。恥ずかしくなくなるまで、練習をしてください。こればかりは、サボりようがありません。

まとめますと、プレゼンは「パターンを知る」→「一字一句原稿にする」→「ひたすらリハーサル」に尽きます。

「成長を実感できる機会」をつくろう

さて、あれをやれこれをやれと言ってきましたが、もうひとつ、やらなければならないことがあります。それは、**上手く英語を使えるようになった自分を実感する**ことです。

近くにネイティブがいて「日に日に上手くなっているね」「完璧だ！」「素晴らしい！」と言ってくれれば、モチベーションは上がるでしょう。しかし現実には、なかなかそんなに親切なネイティブは身近にいません（もしいるのなら、この本を今すぐ放りだしてその人に英語を教わったほうがいいでしょう）。

それ以前に、話す機会が少ないことは、上達の機会の少なさを意味するので、グーグル音声入力やＳｉｒｉに話しかけるだけでなく、人にも話しかけて、どれだけ通じるか、またどれだけ通じないかを確かめる必要があります。

今、オンライン英会話の料金はかなり手ごろになっています。最初からそれで英語を練習することもできるでしょうが、もちろんそれ以前に、一人でできることがたくさんあります。それは、本書で書いてきたようなことです。

ですから、基本的にはひとりでトレーニングを繰り返し、そして、定期的にオンライン英会話で上達度をチェックするといいと思います。

オンライン英会話のサービスは各社が提供していますが、同じ講師を指名し続けることができるところも多いので、その講師とどれくらい会話が成立するかを、ベンチマークにしておいてもいいかもしれません。

その点でいえば、ＴＯＥＩＣ®などの試験もおすすめです。目的はあくまで、上達度を測り、上手くなっていることを実感すること。無闇にスコアを上げることではありません。

英会話学校へ行くより、ビジネスを学べ

ここまで書いてきたほとんどのことは、ひとりで、自宅でできることばかりです。何が言いたいのかというと、英会話学校に行く必要はほとんどないということです。

ほとんど、と断りを入れたのには理由があります。

有効な場合もあるからです。

ビジネス英語に特化した英会話学校の場合、ビジネスの型を教えてくれることがあります。プレゼンの型（パターン）と同じです。商談はどう始め、どう話を進め、どう切り上げるか。こういった型を教われるのであれば、英会話学校は役に立つ存在です。

しかし、それ以外のことは、英会話学校に行かないと学べないのかというと、そうではないでしょう。おそらく講師は、あなたの仕事の専門分野の言葉を知りません。あなたの仕事の商習慣も知らない可能性があります。なので、型以外に学べることがあるとはあまり思えないのです。

それに、型を学べる場所はほかにもあります。

それはあなたのビジネスの現場です。機会があれば、上司が参加する外国人との会議や商談に同席すれば、その型は少しずつ学ぶことができます。

最初は戸惑うかもしれませんが、その場へは型を学びに行っているのだと思えば、あなたは黙っていたって構わないでしょう。話の中身が理解できなくても気にしない（あまり）。それよりも、握手や名刺交換のしかたとか、座るタイミングや話の切り上げ方など、そういう型だけを身につける。これは後々、大きな差を生む経験です。

そして、**型を学ぶのと同時に、仕事も学んでほしい**というのが私の思いです。英語はあくまで道具なので、その道具ばかりをうまく使えるようになっても、その道具でいい結果を得られなくては、なんのために練習したのかわかりません。

最初に書いたように、私たちには時間がありません。

あれもこれもしている暇はないのです。優先順位を付けましょう。その上位に「英会話学校に通い続けること」が、入り込めるのか。私には疑問です。

手抜き英語練習法チェックリスト3

☑ まず、「大きな声」で話せ

☑ わからなければ「短く切り返す」

☑ メールはコピペで簡潔に

☑ プレゼンはリハーサルが命

☑ 上達を実感するためのベンチマークを

第4章
次のステップに進みたい奇特な方に

お得な英語「練習」ツール

✿もう少しだけ人と差をつけたいなら

ここまでに書いてきたことが、この本のエッセンスです。あとは数あるビジネス英語のテキストを使って、不要な部分は飛ばし、必要なところに集中して練習してもらえれば、効率よく、英語が上手になるはずです。

ただ、上手になると、もっと上手になりたいと欲が出てきますよね。また、もっと英語で情報収集をしたいとか、前向きになることもあるでしょう。

それはつまり、ビジネスでの最低限の英語はもう身についたことを意味しています。

そうなったらもう、英語の練習は止めていいと思うのですが、せっかくなので、その先に行きたいという奇特な人のために、ここで、便利なサービス・ツールを紹介しておきましょう。

☆「英語を聞く」ならこの3つ

①アルジャジーラ英語版　http://www.youtube.com/user/AlJazeeraEnglish

テレビで見るのがNHKのニュースだけでは物足りなくなったら、海外のニュース番組を点けっぱなしにしておくのがいいでしょう。

海外のニュースというと、CNNやBBCが思い浮かぶかもしれませんが、おすすめはアルジャジーラの英語版です。

ただし、日本ではケーブルテレビでも観ることができません。YouTubeにあるアルジャジーラの英語チャンネルを、PCやスマートフォンで視聴することになります。ベータ版ながら、ライブ配信もしています。

アルジャジーラがいいのは、英語を母語にしない人をも視聴者として取り込むためなのか、比較的プレーンな英語を使っている点と、立ち位置も中東の放送局であるにもかかわらず、むしろアメリカのFOXなどよりもニュートラルな点です。

②NHK WORLD TV Live

海外旅行に行ったとき、ホテルの部屋でNHKを観たという人もいるのではないでしょうか。そのときに観たのは、NHKの国際放送です。

これはテレビでは日本国内で観ることができないのですが、スマートフォンやタブレット用のアプリ「NHK WORLD TV Live」を使えば、視聴可能です。これが実に便利だし、楽しい。「KABUKI KOOL」など、日本では放送していない番組もあります。これを知っていると知らないとでは大きな違い。家にいる間、流しておいてもいいと思います。また、日本の文化や流行などを英語で伝えているので、外国人に日本を説明するための基礎知識が身につくはずです。

③NHK WORLD RADIO JAPAN

これもNHKの海外向けラジオ放送を聞くためのアプリです。第2章ではPodcastを紹介しましたが、こちらはストリーミングも、それから過去の放送の一部も聞くことができます。日本語講座などもあります。

「英語を読む」ならこの3つ

①The Economist http://www.economist.com/

英字紙のサイトを読むのなら、まずはこのサイトでしょう。言わずと知れたイギリスの経済誌です。ただし、内容も英語表現もかなり難しいので、このサイトを最終目標にするというつもりで目を通してみましょう。

②natureダイジェスト http://www.nature.com/ndigest/

サイエンスの最新ニュースをネットで読むことができます。このサイトのいいところは、何本かの記事は日本語版と英語版の両方が用意されていること。まず日本語版を読んで内容を頭に入れ、次に英語版を読んで曖昧なところを探し出し、再度、日本語版を読んで確認をするという読み方ができます（ただしこのサイトは、科学技術に興味がある人に限ります）。

③THE NEW YORKER http://www.newyorker.com/

アメリカを代表する雑誌、『ニューヨーカー』のサイト。英語だけでなく、文化に触れるのにもちょうどいい。これはできれば紙で読んでほしいと思います。ジャン＝ジャック・サンペなどによる表紙のイラストがなんとも素晴らしく、身近に置いておくだけでも気分が豊かになります（私は気に入った号の表紙を切り取り、額に入れて壁に飾ったりしています）。

⚙「英語を書く」ならこの2つ

①Ginger Page http://www.getginger.jp/

書いた英文をこなれた表現にするための校正を、無料で行えるサイト。日本人的な文章の癖も、このツールを使うと修正することができます。かなり便利なので使い倒すことをすすめます。

②メリアム・ウェブスター英英辞典 http://www.merriam-webster.com/

英和・和英辞典では物足りなくなったら、英英辞典を使うといいでしょう。似たような英語の微妙な違いも、英語の解説を読むことで腑に落ちることがある。英英辞典のサイトはたくさんありますが、ウェブスターなら間違いがありません。なお、類語は英語ではthesaurus。発音練習向きの単語と言えます。

手抜き英語練習法 チェックリスト４

- ☑ 聞くなら「プレーンな英語」を聞け
- ☑ 読むなら「大人の英語」を読め
- ☑ 便利なサービスは使い倒せ

おわりに
10年後、日本人の99%に英語はいらない

「読み書きそろばん」という言葉がありますが、今や、比喩とはいえそろばんではは計算ができない日本人のほうが多いのではないかと思います。あなた、できますか？

でもそれは嘆くことではなく、そろばんよりも確実に計算のできる便利なもの、すなわち電卓やスマホが普及しただけのことです。

そろばんのほかにも、技術の進化によって消えていこうとしているものはたくさんあります。

技術が進化した現代は、何十年か前から見た近未来です。ネットで買い物をするのが当たり前になり、音声入力はキーボード入力に迫りつつあり、ドローンも珍しいものではなくなってきました。街を行く人は大半が、画面を触って操作できる、

時計にもカメラにもメモにもなる小型の装置を持っています。それはスマートフォンという名前で、なんと電話をかけることさえできます。

そのスマホには日本語で話すと、各国語に変換し、拡大表示したり読み上げたりする機能を持つアプリが入っているはずです。

みなさんのスマートフォンに、グーグル翻訳は入っていますか。ぜひ使ってみてください。「次のバスは何時に出ますか」「ビールが飲みたいです」「ドライバーに行き先を伝えてください」。どれも、英語はもちろん、アラビア語にもベトナム語にも翻訳し、読み上げてくれます。

だから、たとえばアメリカへ観光旅行に出かけるにしても、ウルドゥー語やタガログ語やラトビア語ができないのと同じくらい、英語ができなくても困りません。２０２０年の五輪で東京に来た外国人に街で話しかけられても、これがあればコミュニケーションはできます。

通話アプリのスカイプには、同時通訳の機能があります。この原稿を書いている時点では英語とスペイン語でしか使えませんが、日本語にも対応するのは時間の問題です。実現すれば、こちらは日本語、相手は英語でネット会議ができるようになります。実に便利な世の中です。

するとそのうち、ビジネスの会議の場でも、自動翻訳を使っていることを意識せずに、各国の人たちと会話ができるようになるでしょう。自動翻訳がますます便利になることはあっても、不便になる方向へ逆戻りすることはありません。英語ができなくても、何不自由なく生活できます。そう、今以上に。

そうなることがわかっているのだから、英語を学ぶ日本人は今後、減っていくでしょう。逆にいうと、だからこそ英語というツールを使える日本人は貴重な存在になり得るのです。自分は今現在1割の、そして10年後の1％の日本人であるという自覚があるのなら、今この瞬間から、大いに英語を練習すべきです。Ladies and gentlemen, be ambitious!

巻末付録

英語をモノにするための8冊、「15000円ポッキリ」！

この本を読むだけでは「正しい英語」を完全にモノにすることができない、と何度も書いてきましたが、では、その先はどうするか——各分野のプロたちに教えてもらいましょう。というわけで、次ページから参考までに、「これは良さそうだ」という英語関連本を紹介しておきます。これらは、「成毛式」の考え方にも合った、コスパの高い良書たち。全部で8冊、しめて約1万5000円（税込でも）。その効用を考えれば、けっして高い買い物ではありません。

文法より「ものの名前」が重要

『Oxford Picture Dictionary: English/ Japanese』（第2版）

Jayme Adelson-Goldstein, Norma Shapiro

オックスフォード大学出版局　2008年7月　2840円

繰り返し書いてきたように、文法より単語である。では、その単語をどう覚えればいいか。辞典・図鑑好きの私がイチオシする方法は、この一冊を眺め続けることである。中を開くと、ほぼ図鑑である。いかにも外国らしい、しかし日常を描いた絵が並んでいて、そこに日本語と英語が「食品」や「交通」など12の分野で併記されている。

ビジネス英語を練習したい人はもちろん「仕事」から見ていくべきだろう。職業名、オフィスや工場にあるものの名前、よくとる行動、またご丁寧に、職探しのステップがまとめられていたり、「仕事がうまく行かなかった日」などというページまである。

ほかの分野のページを見ていくと、知っている単語がかなりあることに気付き、これが安心感を誘う。しかし、油断していると「sequins」（スパンコール）、「mumps」（お

たふく風邪)、「deductions」(天引き)など知らない単語が出てくるので侮れない。

「社会」には、国民の義務や市民権を得るための条件、ATMの使い方など、アメリカならではであったり、日本と違いがあるものについてもまとめられているので、文化を知るきっかけにもなる。

★こんな人におすすめ

ラクに語彙数を増やしたい人

★こんな人にもおすすめ

文字よりイラストが好きな人

★こんな人にはおすすめしない

アメリカを毛嫌いしている人

価格は税抜価格

会話集／間違い会話集はこの一冊で

『その英語、ネイティブにはこう聞こえます』
ディビッド・セイン、小池信孝
主婦の友社　2003年5月　300円（電子書籍）

日本語を練習中の外国人が話すのを聞いていると、文法的には正しくても微妙にニュアンスが違う言い回しや、何を言いたいかは理解できるものの、日本語ネイティブなら絶対にしない言葉遣いに、ときどき遭遇する。逆もまたあるだろう。

そんな、英語ネイティブを戸惑わせそうな、日本人がやりがちな表現をまとめたのがこの本だ。

「ホテルに泊まる」「電話をかける」など9つのシーンに分けて、英語ネイティブにはそのフレーズがどう聞こえるか、本当はどう言うべきかがまとめられている。

また、本の後半の「PART2」も非常に参考になる。「May I ～」という尋ね方の問題点や、「I should」にはネガティブなニュアンスがあるだとか、指摘されないと気付か

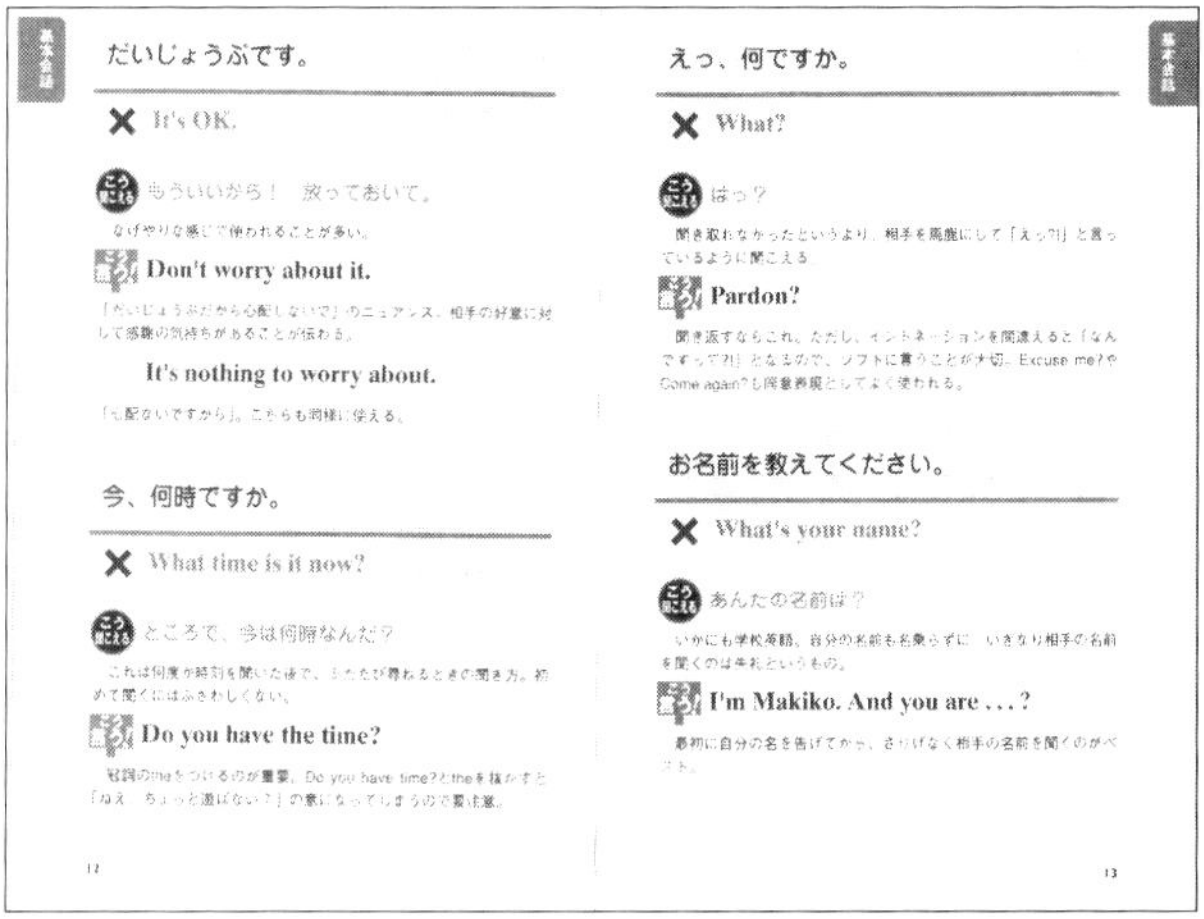
だいじょうぶです。

× It's OK.

もういいから！　放っておいて。

なげやりな感じで使われることが多い。

Don't worry about it.

「だいじょうぶだから心配しないで」のニュアンス。相手の好意に対して感謝の気持ちがあることが伝わる。

It's nothing to worry about.

「心配ないですから」。こちらも同様に使える。

今、何時ですか。

× What time is it now?

ところで、今は何時なんだ？

これは何度か時刻を聞いた後で、ふたたび尋ねるときの聞き方。初めて聞くにはふさわしくない。

Do you have the time?

冠詞のtheをつけるのが重要。Do you have time?とtheを抜かすと「ねえ、ちょっと遊ばない？」の意になってしまうので要注意。

12

えっ、何ですか。

× What?

はっ？

聞き取れなかったというより、相手を馬鹿にして「えっ?!」と言っているように聞こえる。

Pardon?

聞き返すならこれ。ただし、イントネーションを間違えると「なんですって?!」となるので、ソフトに言うことが大切。Excuse me?やCome again?も同意表現としてよく使われる。

お名前を教えてください。

× What's your name?

あんたの名前は？

いかにも学校英語。自分の名前も名乗らずに、いきなり相手の名前を聞くのは失礼というもの。

I'm Makiko. And you are ...?

最初に自分の名を告げてから、さりげなく相手の名前を聞くのがベスト。

13

ないような事柄に丁寧な解説がされているからだ。

掲載されている例文は、学校の教科書や英会話のテキストで見つけたものが中心なので、これから独学で英語を使えるようになろうとしている人はテキストと併読すべきだ。ディビッド・セインの著作はどれも役に立つ。

★こんな人におすすめ

独学で英語を練習していく人

★こんな人にもおすすめ

実はそこそこ英語に自信がある人

★こんな人にはおすすめしない

英語は日本人との間でしか使わない人

話す自信をつけるための「発音」

『ＤＶＤ&ＣＤでマスター　英語の発音が正しくなる本』

鷲見由理

ナツメ社　２００８年５月　２２００円

子音の発音を練習しろと言われても、その発音を間違ったまま練習し、間違った発音を身につけてしまったら。

そんな悲劇を防ぐには、最初が肝心だ。発音だけに特化し、発音だけのために２１５ページを費やし、口元のアップの写真、口の断面図（これはもちろんイラスト）を添え、そしてＣＤとＤＶＤまでつけたのがこの本だ。発音のみにこれだけの労力を使っているところが実に潔いし、発音の奥深さも感じさせる。２０００円以上するが、それだけ支払う価値は十分にあるだろう。この本を使って、徹底的に正しい発音方法をまずは会得し、それをブラッシュアップしていくべきだ。

ただ、この本では母音が先に記されているが、「成毛式」で行くなら後半の子音の

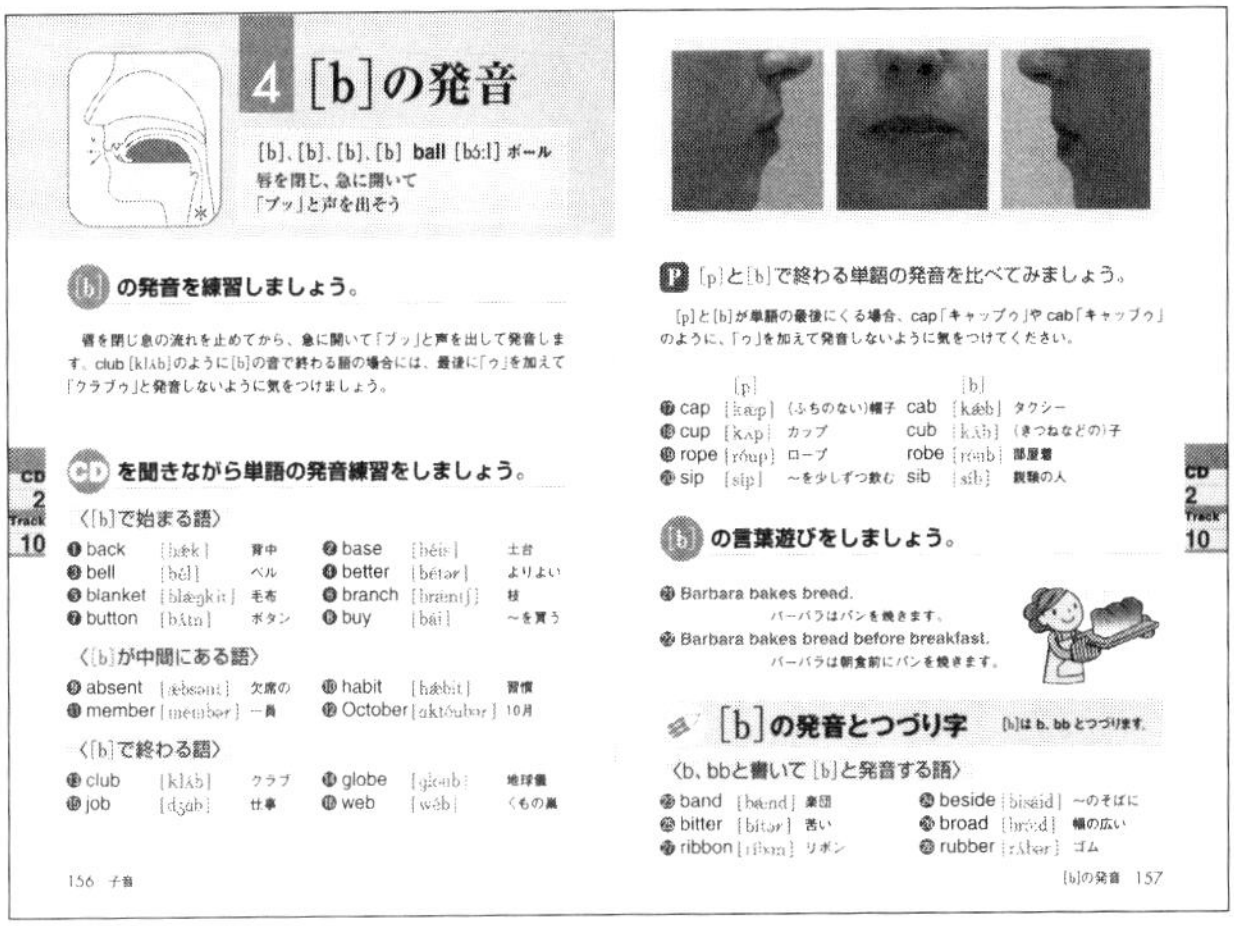
4 [b]の発音

[b]、[b]、[b]、[b] ball [bɔ́:l] ボール
唇を閉じ、急に開いて
「ブッ」と声を出そう

[b]の発音を練習しましょう。

唇を閉じ息の流れを止めてから、急に開いて「ブッ」と声を出して発音します。club [klʌ́b]のように[b]の音で終わる語の場合には、最後に「ゥ」を加えて「クラブゥ」と発音しないように気をつけましょう。

CD 2 Track 10

CDを聞きながら単語の発音練習をしましょう。

〈[b]で始まる語〉

❶ back	[bǽk]	背中	❷ base	[béis]	土台
❸ bell	[bél]	ベル	❹ better	[bétər]	よりよい
❺ blanket	[blǽŋkit]	毛布	❻ branch	[brǽntʃ]	枝
❼ button	[bʌ́tn]	ボタン	❽ buy	[bái]	～を買う

〈[b]が中間にある語〉

❾ absent	[ǽbsənt]	欠席の	❿ habit	[hǽbit]	習慣
⓫ member	[mémbər]	一員	⓬ October	[aktóubər]	10月

〈[b]で終わる語〉

⓭ club	[klʌ́b]	クラブ	⓮ globe	[glóub]	地球儀
⓯ job	[dʒáb]	仕事	⓰ web	[wéb]	くもの巣

156 子音

P [p]と[b]で終わる単語の発音を比べてみましょう。

[p]と[b]が単語の最後にくる場合、cap「キャップゥ」やcab「キャップゥ」のように、「ゥ」を加えて発音しないように気をつけてください。

	[p]			[b]	
⓱ cap	[kǽp]	(ふちのない)帽子	cab	[kǽb]	タクシー
⓲ cup	[kʌ́p]	カップ	cub	[kʌ́b]	(きつねなどの)子
⓳ rope	[róup]	ロープ	robe	[róub]	部屋着
⓴ sip	[síp]	～を少しずつ飲む	sib	[síb]	親類の人

CD 2 Track 10

[b]の言葉遊びをしましょう。

㉑ Barbara bakes bread.
バーバラはパンを焼きます。
㉒ Barbara bakes bread before breakfast.
バーバラは朝食前にパンを焼きます。

[b]の発音とつづり字　[b]はb、bbとつづります。

〈b、bbと書いて[b]と発音する語〉

㉓ band	[bǽnd]	楽団	㉔ beside	[bisáid]	～のそばに
㉕ bitter	[bítər]	苦い	㉖ broad	[brɔ́:d]	幅の広い
㉗ ribbon	[ríbən]	リボン	㉘ rubber	[rʌ́bər]	ゴム

[b]の発音 157

ページを熟読し、まずは小さな声で、それから声を出さず、練習してほしい。

読み物としても、発音とスペルの関係を眺めているとなかなか面白い。ここでルールをある程度覚えていれば、未知の単語に遭遇したときも、慌てないで済む。中学・高校時代にやらされていた発音クイズも懐かしい。

★こんな人におすすめ

それっぽく話したい人

★こんな人にもおすすめ

発音を極めたい人

★こんな人にはおすすめしない

独創的な英語を話したい人

英語の「ニュアンス」をつかむために

『ビジネス英語類語使い分け辞典』
勝木龍　富安弘毅　Sally Kuroda　福水隆介　商洋晃
すばる舎　２０１１年１月　１８００円

この本はちょっとレベルが高いかもしれない。ビジネス英語でよく使われる表現の、微妙な差を解説した本だからだ。中学や高校でも「listen」と「hear」、「see」と「watch」の違いなどは習ったことがあると思うが、それがあらゆる表現について記されている。この本（ここで紹介している本ではなく、あなたが今、手にしているこの本）がお役御免となった暁には、大活躍することだろう。

たとえばこんな具合だ。同じ「選ぶ」でも「choose」と「select」はどう違うのか。この本では、selectは「熟考した後で」使うとされている。だからselectを使った二つの例文には、どちらにも「carefully」が含まれている。

「予測する」の「predict」「forecast」「project」の違いはというと、predictは予言に

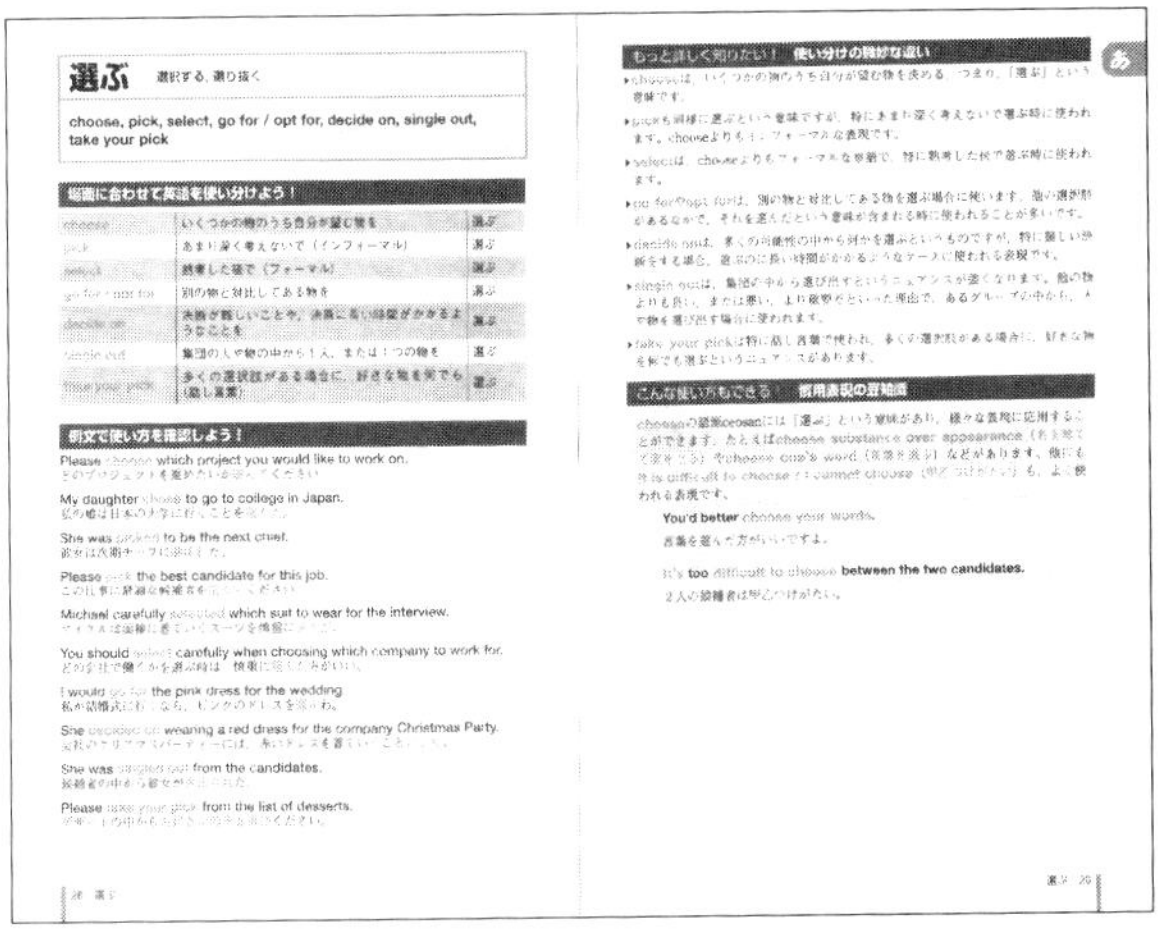

選ぶ 選択する、選り抜く

choose, pick, select, go for / opt for, decide on, single out, take your pick

場面に合わせて英語を使い分けよう！

例文で使い方を確認しよう！

Please which project you would like to work on.

My daughter to go to college in Japan.

She was to be the next chief.

Please the best candidate for this job.

Michael carefully which suit to wear for the interview.

You should carefully when choosing which company to work for.

I would the pink dress for the wedding.

She wearing a red dress for the company Christmas Party.

She was from the candidates.

Please from the list of desserts.

もっと詳しく知りたい！ 使い分けの微妙な違い

こんな使い方もできる 慣用表現の豆知識

You'd better

It's too between the two candidates.

近い予測であり、forecastは起こる可能性の高いことの予測であり、projectは情報をもとに将来の数値を算出しての予測であり、つまり、使うシーンが異なる。

例文が多く、索引が充実しているのも良心的だ。

★こんな人におすすめ

正しい表現をしたい人

★こんな人にもおすすめ

微妙なニュアンスの違いを知りたい人

★こんな人にはおすすめしない

今、英語の練習を始めたばかりの人

英語の「雑学」は意外に使える

『英語便利辞典』
小学館外国語辞典編集部：編
小学館　2006年1月　2100円

この辞典は、使える辞典でもあり、読める辞典でもある。

ある国の日本語国名を調べると、その英語表記、その国で使われている主要言語、首都、通貨単位が一発でわかる。アメリカの州の名前を調べると、俗称と略号と州都と州花と州鳥までわかる。雑誌の名前を調べると、それがどんな評価を得ている雑誌なのかもわかる。よく引用される聖書の一節もわかる。メールで使われる略語がわかる。顔文字までわかる。過去のアカデミー賞、グラミー賞、ピューリッツアー賞の受賞作の原題と邦題までわかる……。本書でも書き記したように、モノやコトの名詞を知ってゆくことは、即効性のある英語練習なのだ。

それだけでなく、英会話のフレーズや注意すべき和製英語、動詞の変化も、主立った

■アカデミー作品賞一覧

（1976）
ロベレ将軍 General Della Rover［（伊）Il generale della Rovere］（1959 伊/仏）
ロボコップ Robocop（1987）
ロミオとジュリエット Romeo and Juliet（1968 英/伊）
ロリータ Lolita（1962 英）
ワーキング・ガール Working Girl（1988）
ワイルド・アット・ハート Wild at Heart（1990）
ワイルドバンチ The Wild Bunch（1969）
わが命つきるとも A Man for All Seasons（1966 英）
若草の頃 Meet Me in St. Louis（1944）
若草物語 Little Women（1933）
わが青春のフロレンス Metello（1970 伊）
わが谷は緑なりき How Green Was My Valley（1941）
我輩はカモである Duck Soup（1933）
我が道を往く Going My Way（1944）
若者のすべて Rocco and His Brothers［（伊）Rocco e i suoi fratelli］（1960 伊/仏）
我が家の楽園 You Can't Take It with You（1938）
惑星ソラリス Solaris［（露）Solyaris］（1972 ソ連）
忘れじの面影 Letter from an Unknown Woman（1948）
忘れられた人々 The Young and the Damned［（西）Los olvidados］（1950 メキシコ）
私は告白する I Confess（1953）
私は死にたくない I Want to Live!（1958）
わらの犬 Straw Dogs（1971 英）
我は海の子 Captains Courageous（1937）
我等の生涯の最良の年 The Best Years of Our Lives（1946）
我等の仲間 They Were Five［（仏）La belle équipe］（1936 仏）
ワンス・アポン・ア・タイム・イン・アメリカ Once upon a Time in America（1984）
ワンダとダイヤと優しい奴ら A Fish Called Wanda（1988）

アカデミー作品賞一覧

映画芸術科学アカデミーによって、前年度にアメリカで新たに公開された映画に与えられる権威ある賞。作品賞のほか、男優・女優・監督・外国語映画賞など計24部門があり、受賞者に贈られる彫像にちなみオスカー賞とも呼ばれる。

◆受賞年度	◆邦題	◆原題
第1回（1927～1928年）	つばさ	Wings
第2回（1928～1929年）	ブロードウェイ・メロディ	The Broadway Melody
第3回（1929～1930年）	西部戦線異状なし	All Quiet on the Western Front
第4回（1930～1931年）	シマロン	Cimarron
第5回（1931～1932年）	グランド・ホテル	Grand Hotel

130

アカデミー作品賞一覧■

◆受賞年度	◆邦題	◆原題
第6回（1932～1933年）	大英帝国行進曲（カヴァルケイド）	Cavalcade
第7回（1934年度）	或る夜の出来事	It Happened One Night
第8回（1935年度）	南海征服（戦艦バウンティ号の叛乱）	Mutiny on the Bounty
第9回（1936年度）	巨星ジーグフェルド	The Great Ziegfeld
第10回（1937年度）	ゾラの生涯	The Life of Emile Zola
第11回（1938年度）	我が家の楽園	You Can't Take It with You
第12回（1939年度）	風と共に去りぬ	Gone with the Wind
第13回（1940年度）	レベッカ	Rebecca
第14回（1941年度）	わが谷は緑なりき	How Green Was My Valley
第15回（1942年度）	ミニヴァー夫人	Mrs. Miniver
第16回（1943年度）	カサブランカ	Casablanca
第17回（1944年度）	我が道を往く	Going My Way
第18回（1945年度）	失われた週末	The Lost Weekend
第19回（1946年度）	我等の生涯の最良の年	The Best Years of Our Lives
第20回（1947年度）	紳士協定	Gentleman's Agreement
第21回（1948年度）	ハムレット	Hamlet
第22回（1949年度）	オール・ザ・キングスメン	All the King's Men
第23回（1950年度）	イヴの総て	All about Eve
第24回（1951年度）	巴里のアメリカ人	An American in Paris
第25回（1952年度）	地上最大のショウ	The Greatest Show on Earth
第26回（1953年度）	地上より永遠に	From Here to Eternity
第27回（1954年度）	波止場	On the Waterfront
第28回（1955年度）	マーティ	Marty
第29回（1956年度）	80日間世界一周	Around the World in Eighty Days
第30回（1957年度）	戦場にかける橋	The Bridge on the River Kwai
第31回（1958年度）	恋の手ほどき	Gigi
第32回（1959年度）	ベン・ハー	Ben-Hur
第33回（1960年度）	アパートの鍵貸します	The Apartment
第34回（1961年度）	ウエスト・サイド物語	West Side Story
第35回（1962年度）	アラビアのロレンス	Lawrence of Arabia
第36回（1963年度）	トム・ジョーンズの華麗な冒険	Tom Jones
第37回（1964年度）	マイ・フェア・レディ	My Fair Lady
第38回（1965年度）	サウンド・オブ・ミュージック	The Sound of Music
第39回（1966年度）	わが命つきるとも	A Man for All Seasons

131

英語辞典のことまでわかる。

まるで、「日本語にも堪能な、博識すぎるアメリカ人」のような一冊で、重宝すること間違いない。これで2100円＋税というのは安すぎる。書店で見つけたらすぐ買うべきだ。デザインが美しく、持っているだけでも嬉しくなる。

★こんな人におすすめ

英語の周辺情報が欲しい人

雑学が好きな人

★こんな人にはおすすめしない

すでに日本語に堪能な、博識すぎるアメリカ人

英語の前に「日本の文化」を知れ

『毎日の日本』

James M.Vardaman　山本史郎

朝日新聞出版　2015年3月　1300円

出汁、うまみ、侘び寂び、旧暦、七福神など、日本人なら知っている、いや、日本人でも知らないかもしれない日本の文化や社会、観光地、72項目について、左ページには英語、右ページには日本語で解説が書かれているテキスト風読み物。

外国人に日本のことを聞かれた場合、この本を読めば大抵のことに答えられる、というか、この本をプレゼントしたら喜ばれるだろう。

日本語のほうを少し引用すると「お盆は先祖の魂をうやまう仏教の行事です」「相撲は古代に起源のある日本式のレスリングです」「畳は和室の床に用いられるマットです」「山手線の原宿駅は2つの世界への入り口になっています」といった具合で、実に端正。なるほど外国人には、一言で全体感を把握できる説明が求められているのかと、目から

29 歌舞伎 [kabuki]
Kabuki

Round 1 | Round 2 | Round 3 | Round 4 | Round 5 | Round 6

The three traditions of Japan are noh, bunraku and kabuki. Kabuki began in the early 17th century and was performed by troupes of traveling entertainers. In the early troupes, the women performers were very popular. They performed light theater with dances and comic sketches. Because the female entertainers also practiced prostitution, the Tokugawa shogunate banned women from appearing. As a result, all of the roles came to be played by men, including the women's roles. Actors who play these roles were called *oyama*.

Around the turn of the 18th century, kabuki had a major development with the appearance of professional writers such as Chikamatsu Monzaemon. The period also gave birth to such as Ichikawa Danjuro and Sakata Tojuro. The new kabuki plays used the contemporary but developed a highly formalized style of acting.

The kabuki stage has an elevated runway from the main stage to the back of the theater called the *hanamichi*. It also has trapdoors and a for quick set changes.

Kabuki actors wear brilliant costumes and spectacular *kumadori* makeup. On stage they use exaggerated gestures. They emphasize especially dramatic moments by striking dynamic poses called *mie*. Even a first-time spectator can fully enjoy a kabuki play.

鱗が落ちるだろう。

内容も、また表現も、知っているつもりで知らなかったことをたくさん発見できる一冊。本文を読み上げた音声を無料でダウンロードできるサービスが付いていて、耳からも学べる仕組みになっている。

★こんな人におすすめ
外国人に日本のことを聞かれても困りたくない人

★こんな人にもおすすめ
日本のことをあまり知らない人

★こんな人にはおすすめしない
ビジネス英語だけできればいい人

ビジネスに大きく「差」をつける

『異文化理解力』
エリン・メイヤー　田岡恵：監訳　樋口武志：訳
英治出版　2015年8月　1800円

この本は、様々な文化の下で育った人たちと、不足なくコミュニケーションをするには何を知っておくべきで、どう行動すべきなのかを、豊富な事例を交えながら、シンプルにわかりやすく書いた本だ。「なるほど」または「そうだったのか」と思った場所に付箋を貼りながら読み進めると、付箋だらけになってしまう。

「ローコンテクストなマネジャーたちがやってしまう最大の過ちのひとつは、相手が情報を意図的に省略しているとか、明快なコミュニケーションができないと受け取ってしまうことだ」など、実に明快である。

外国人とビジネスをするとき、ハードルとなるのは言語ではなく、文化であることが多々ある。それは悪意のないすれ違いや誤解を生む。文化を深く理解していても、それ

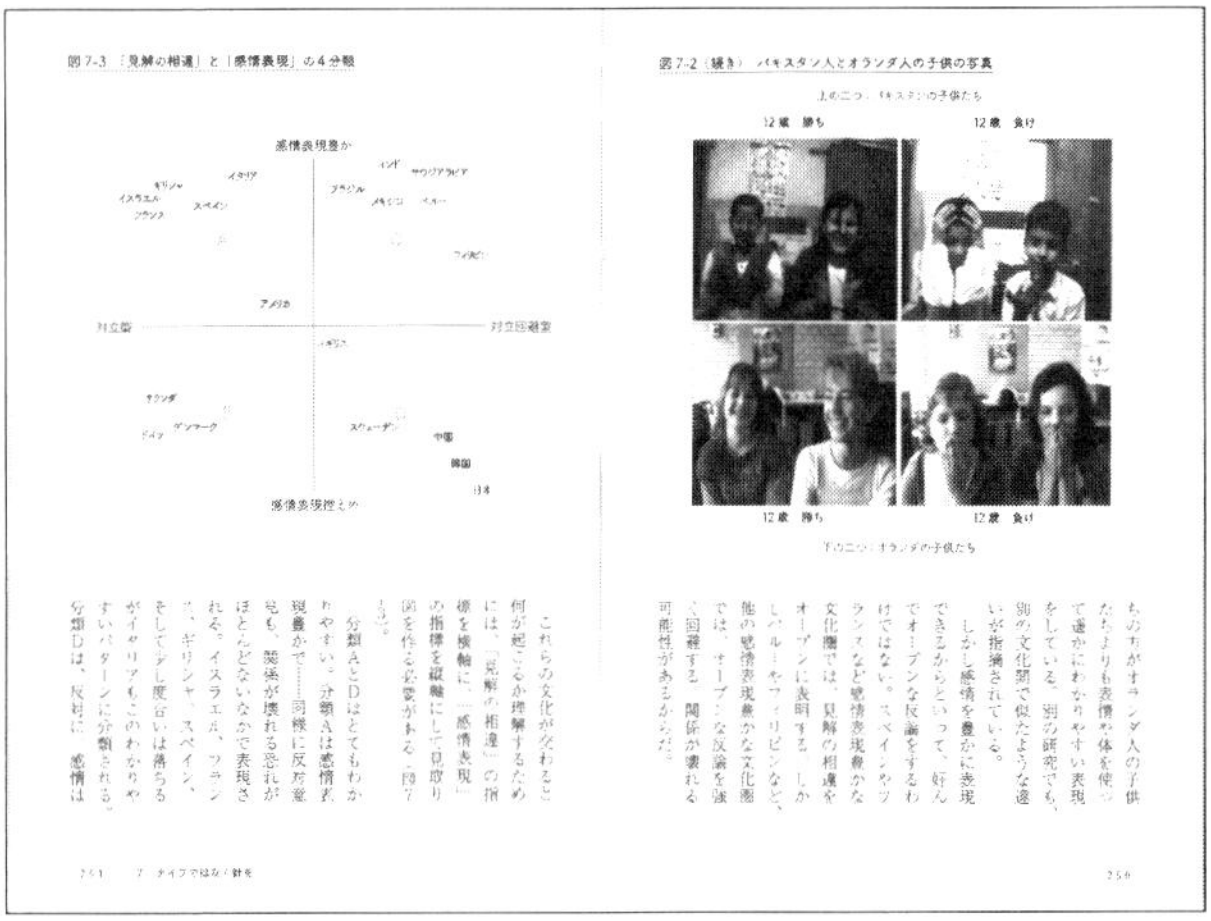

図7-2（続き）パキスタン人とオランダ人の子供の写真

上の二つ：パキスタンの子供たち

12歳　勝ち　　12歳　負け

12歳　勝ち　　12歳　負け

下の二つ：オランダの子供たち

ちのほうがオランダ人の子供たちよりも表情や体を使って遥かにわかりやすい表現をしている。別の研究でも、別の文化間で似たような違いが指摘されている。

　しかし感情を豊かに表現できるからといって、好んでオープンな反論をするわけではない。スペインやフランスなど感情表現豊かな文化圏では、見解の相違をオープンに表明する。しかしペルーやフィリピンなど、他の感情表現豊かな文化圏では、オープンな反論を強く回避する。関係が壊れる可能性があるからだ。

図7-3「見解の相違」と「感情表現」の4分類

　これらの文化が交わるときに何が起こるか理解するためには、「見解の相違」の指標を横軸に、「感情表現」の指標を縦軸にして見取り図を作る必要がある（図7-3）。

　分類AとDはとてもわかりやすい。分類Aは感情表現豊かで……同様に反対意見も、関係が壊れる恐れがほとんどないなかで表現される。イスラエル、フランス、ギリシャ、スペイン、そしてやや度合いは落ちるがイタリアもこのわかりやすいパターンに分類される。

　分類Dは、反対に、感情は

を完璧に避けることはできないかもしれないが「ああ、こういうことか」と気付き、修正をするきっかけを得ることはできる。この差はとてつもなく大きい。

ビジネスで英語が必要なすべての人に、この本に書かれている知識は不可欠だ。

★こんな人におすすめ

外国人と一緒に仕事をする人

★こんな人にもおすすめ

なじめない日本人と一緒に仕事をする人

★こんな人にはおすすめしない

世の中には自分みたいな人間しかいないと信じて疑わない人

楽しむための「英語の教養」

『やっぱり英語はおもしろい』
宗宮喜代子
くろしお出版　2015年3月　1300円

英語の練習に疲れた、飽きた、もう辞めたい。そう思いつつ「でもやらなきゃなあ」と思ったときには、これくらい軽い読み物がうってつけだ。目次を見ただけでもそそられる。「英語になった『アニメ』と『コスプレ』」「明けの明星のパラドックス」「マクドナルドが英語を変えた」など、読んでみたくなるではないか。

「堕ちた天使」という項では、「サタン、デビル、デーモンのどれが最強？」と、聞くほうも偉いが調べて答えたほうも偉いとたたえたくなるエピソードが書かれている。サタンとデビルは同一人物で、デーモンはそのサタン（＝デビル）の追従者のひとりというのが答えだそうだが、話はそこで終わらずに、ではサタンと神はどちらが強いのかにも及んでいる。

著者は言語学者。岐阜新聞の日曜版に連載したコラムをまとめたものだが、肩肘張らない筆致の中に、さすがの教養が光っている。読み終えたとき、タイトル通りに「やっぱり英語はおもしろい」と思えるはずだ。もちろん全文日本語。ふわっとしたイラストも良い。

★こんな人におすすめ
英語を周辺から好きになりたい人

★こんな人にもおすすめ
雑談のネタを仕入れたい人

★こんな人にはおすすめしない
英語練習の過程で辛い思いだけしたい人

計13640円（税抜価格/2016年1月現在の紀伊國屋書店・アマゾンでの表示価格を参照）

〔著者紹介〕

成毛　眞（なるけ　まこと）

1955年、北海道生まれ。中央大学商学部卒業後、自動車部品メーカー、株式会社アスキーなどを経て、86年日本マイクロソフト株式会社設立と同時に参画。91年、同社代表取締役社長に就任。2000年に退社後、投資コンサルティング会社の株式会社インスパイアを設立。10年、おすすめ本を紹介する書評サイト「HONZ」を開設、代表を務める。早稲田大学ビジネススクール客員教授。

著書に『情報の「捨て方」』（KADOKAWA）の他、『本棚にもルールがある』（ダイヤモンド社）『メガ!』（新潮社）『教養は「事典」で磨け』（光文社）『本は10冊同時に読め！』（三笠書房）などがある。

ビル・ゲイツとやり合うために仕方なく
英語を練習しました。

（検印省略）

2016年3月1日　第1刷発行

著　者　成毛　眞（なるけ　まこと）
発行者　川金　正法

発　行　株式会社KADOKAWA
〒102-8177　東京都千代田区富士見2-13-3
0570-002-301（カスタマーサポート・ナビダイヤル）
http://www.kadokawa.co.jp/

落丁・乱丁本はご面倒でも、下記KADOKAWA読者係にお送りください。
送料は小社負担でお取り替えいたします。
古書店で購入したものについては、お取り替えできません。
電話049-259-1100（9：00～17：00／土日、祝日、年末年始を除く）
〒354-0041　埼玉県入間郡三芳町藤久保550-1

DTP／ISSHIKI　印刷／暁印刷　製本／BBC

ISBN978-4-04-601376-7　C0030